景点导游讲解（智媒体版）

主　编　易大卫
副主编　罗周静　朱　悦　何俊良

数字资源

西南交通大学出版社
·成都·

图书在版编目（CIP）数据

景点导游讲解：智媒体版 / 易大卫主编. -- 成都：西南交通大学出版社，2025.2. -- ISBN 978-7-5774-0122-5

Ⅰ. F590.63

中国国家版本馆 CIP 数据核字第 2024A4H256 号

Jingdian Daoyou Jiangjie (Zhimeiti Ban)
景点导游讲解（智媒体版）

主　编／易大卫

策划编辑／孟　媛
责任编辑／罗爱林
责任校对／左凌涛
封面设计／墨创文化

西南交通大学出版社出版发行
（四川省成都市金牛区二环路北一段 111 号西南交通大学创新大厦 21 楼　610031）
营销部电话：028-87600564　　028-87600533
网址：https://www.xnjdcbs.com
印刷：成都勤德印务有限公司

成品尺寸　185 mm×260 mm
印张　9　字数　180 千
版次　2025 年 2 月第 1 版　　印次　2025 年 2 月第 1 次

书号　ISBN 978-7-5774-0122-5
定价　28.00 元

课件咨询电话：028-81435775
图书如有印装质量问题　本社负责退换
版权所有　盗版必究　举报电话：028-87600562

前言

　　导游是一个国家和地区文化的传播使者，导游的口才关系到旅游者对本地知识的掌握程度，因此极为重要。本书首先关注对导游讲解基础知识的掌握，对导游业务流程的熟悉，并通过实际案例对不同景区类型讲解技巧进行熟练运用。语言是一门艺术，对于新导游来说，讲好导游词并非一朝一夕，需要不断学习历史文化知识，学习地区景区景点知识，不断地实地讲解，从而讲好中国故事，成为一名合格的导游。

　　本书共分 6 章，包括导游讲解技巧的基础知识、认知导游及导游词、沿途讲解、自然景观讲解、人文景观讲解、交通景观讲解。具体的编写分工：罗周静负责编写项目一导游讲解技巧的基础知识、项目二认知导游及导游词；朱悦负责编写项目三沿途讲解的任务一、任务二，以及项目四自然景观讲解；易大卫负责编写项目三沿途讲解的任务三、任务四以及项目五人文景观讲解；何俊良负责编写项目六交通景观讲解。

　　本书是基于旅游管理专业申报省级骨干专业而编写的，虽查阅了大量文献资料，借鉴了许多专家学者的观点，但仍存在不足之处，希望读者批评指正。

编　者
2024 年 6 月

目 录

项目一 导游讲解技巧的基础知识 ·································· 1
    任务一　导游讲解技巧基本概念 ·································· 2
    任务二　导游讲解的原则及技巧 ·································· 6
    任务三　导游讲解的方法 ·································· 13

项目二 认知导游及导游词 ·································· 21
    任务一　导游、导游词概述 ·································· 22
    任务二　导游词创作 ·································· 27
    任务三　欢迎词、欢送词创作 ·································· 32

项目三 沿途讲解 ·································· 38
    任务一　当地概况讲解 ·································· 42
    任务二　沿途风光讲解 ·································· 44
    任务三　介绍酒店及核定日程 ·································· 47
    任务四　车上导游讲解 ·································· 52

项目四 自然景观讲解 ·································· 57
    任务一　山岳景观讲解 ·································· 61
    任务二　水体景观讲解 ·································· 68
    任务三　生物景观讲解 ·································· 74
    任务四　特殊地质地貌景观讲解 ·································· 79

项目五 人文景观讲解 ·································· 82
    任务一　古建筑景观讲解 ·································· 83
    任务二　宗教景观讲解 ·································· 88
    任务三　民族文化景观讲解 ·································· 92

  任务四 红色文化景观讲解 …………………………………………… 101
  任务五 遗址遗迹景观讲解 …………………………………………… 106
  任务六 博物馆景观讲解 ……………………………………………… 112

项目六 交通景观讲解 ……………………………………………………… 117
  任务一 桥梁讲解 ……………………………………………………… 118
  任务二 公路景观讲解 ………………………………………………… 124
  任务三 服务区景观讲解 ……………………………………………… 130

参考文献 ……………………………………………………………………………… 135

项目一　导游讲解技巧的基础知识

【导言】

众多的导游技巧中，讲解必须排在第一位，因为讲解不好则难以带好团。确实，导游的类型有很多种，如控制型、讲解型、活泼型，但是这些类型的基础还是讲解。作为导游来说，你只有讲解好了，才能在景区"不丢人"。"不丢人"的含义是游客不会走散。如果一个导游可以在一个景点讲 10 分钟、20 分钟，而且在很多关键的节点，你的讲解优于其他导游，则很容易吸引住游客。对于导游来说，丰富自己的知识才是第一位的，多看看本地报纸，整理自己的导游词资料。自己手中不仅要有最新版本的导游词，还要有一些补充的资料、年鉴等，还要多关注本地的新闻，多听听自己的同行是怎么讲的，不断地讲，不断地学习，从而不断成长。

【学习目标】

学习本项目后，了解导游有声语言讲解要求，掌握导游有声语言表达及运用技巧，掌握导游活动前要做的准备工作，具备良好的表达能力和沟通能力，具备吃苦耐劳的坚毅品质。

【学习重点】

1. 导游讲解的含义。
2. 导游讲解技巧的含义。
3. 导游讲解的要求。

【学习难点】

1. 如何戒除导游讲解的不良口语习惯。
2. 导游讲解前的准备。

【案例导入】

夜晚的观景台，早已华灯初上，千户苗寨渐渐露出了美丽的容颜，一盏盏灯如夜空的星花次第开放，不多久，就已经如满天星斗抛洒在山上，一片星光灿烂夺目，美不胜收。看着满地的星斗，熠熠发光，灯火不是把天空照耀得如白昼，而是很深沉地、很含蓄地闪烁着他们如星星般的光亮，仿佛在述说这个古老的村寨日复一日、年复一年都在发生的故事，一讲就是几千年。

小张同学是刚毕业的一名旅游专业的学生，第一次接到带团的任务非常兴奋。对于即将游览的景点，他做了充分的准备，还特意准备了导游词。以上是贵州西江苗寨观景台的导游词，请同学们结合本章所学内容，分析这段讲解词存在什么问题。

任务一　导游讲解技巧基本概念

导游是靠语言"吃饭"的，"祖国山河美不美，全靠导游一张嘴""看景不如听景"，这些旅游行业的俗语充分说明了导游用语的重要性。导游语言是生动、形象、富有表现力的口头语言，它不同于书面语言，有着自身的特点和突出的特色。

一、导游讲解的含义

导游讲解是指导游以丰富多彩的社会生活、文化和璀璨壮丽的大千世界为题材，以不同兴趣爱好、审美情趣各异的游客为对象，对自己了解并掌握的各类知识进行整理、加工和提炼，用简明的语言进行的一种意境的再创造。

导游讲解要以客观事实为依据，依托名川大山、文物古迹、小桥流水、民族风情，以科学性、知识性、道德性等特点为基础，通过正确、清楚、生动、灵活的原则为游客进行青山绿水的讲解，经过导游的语言加工、整理、组织后转化成为游客所能够理解的语言及即时景象的配合，勾起游客的兴趣，使游客浮想联翩。

二、导游讲解技巧的含义

导游讲解技巧是指善于根据讲解的内容、游客的理解能力及反应等来控制讲解语言速度，即根据不同的客观环境、内容、文化等组织语言，使讲解的效果最优。导游讲解并不是单靠动口就可以圆满完成的，必须用态势语言来辅助讲解，如将站姿、眼神、手势、表情等处理得恰到好处。

导游服务是全方位的，讲解是主要方面。导游讲解技巧是导游服务的核心技能之一，导游讲解服务是导游服务的灵魂。导游讲解服务是导游在指导游客旅行、游览途中所做的介绍、交谈和问题解答等导游活动，以及在参观游览现场所做的介绍和讲解。导游讲解应使游客在参观时的审美情趣和求知欲望得到满足，并以深入浅出、生动形象、妙趣横生的讲解，激发游客的兴趣，使之获得丰富的知识和美的享受，在潜移默化中陶冶性情、放松身心。导游的解说贯穿于整个游程，关系到服务质量，解说水平直接影响游客对旅游目的地和景区、景点的理解和评价。另外，做好导游服务的其他工作，配合好导游讲解服务，能使讲解服务效果更佳。

三、导游讲解语言的运用

（一）导游讲解的内容要清楚，尽量口语化

导游语言是用来与游客进行面对面的交流的，要让游客容易听懂，能够理解它所表达的意思，因此导游语言应通俗易懂，避免冗长的书面语。如：导游在介绍文物古迹的历史价值、自然景观的成因特点时，要表达清楚，特别是对历史沿革、自然景观的地质演变过程，导游要熟记在心，不能前后倒置，也不能张冠李戴。

导游讲解是一门语言艺术，讲出来的内容和书本上表述的给人不一样的体验。口语化的东西让人听着舒服，如说刘宝瑞的单口相声——听起来很有意思，但如果写到纸上，就达不到这样的效果。很多叹词、很多无意义的重复，通过口头语言表达出来，则让人听着舒服，听着亲切。这一点说起来容易，但却有很大难度。

（二）导游讲解要做到生动形象，有趣味性

导游的语言除了语音、语调、语速要准确，具有逻辑性之外，生动性也至关重要。导游的语言表达要力求与神态表情、手势动作及声调和谐一致，使之形象生动，言之有情。如果导游的语言表达平淡无奇、单调、呆板，或者十分生硬，游客听了必定兴趣索然，甚至会在心理上产生不爱听、不耐烦或厌恶的情绪。反之，生动形象、妙趣横生、发人深省的导游语言不仅能引人入胜，而且能起到情景交融的效果。

（三）导游讲解要有针对性，做到因人而异

满足游客求知、求奇、求新的需要。"到什么山，唱什么歌；见什么人，说什么话。"游客有不同的旅游目的，文化修养、知识水平和审美情趣也不同，这就要求导游在导游语言运用、服务态度、讲解方法和技巧方面具有针对性。即按游客实际需要有的放矢，因人而异。不看对象的"八股式导游"，则难以取得好的效果。① 导游在讲解前应了解游客的动机和目的，是观光、度假，还是公出、访友、商务。② 了解游客的层次。水平高的游客，要讲得深一些；一般游客，要讲得通俗一些，或穿插一些小故事。③ 了解游客的地域。地域不同，文化背景、风俗习惯、价值观也不同。不能拿接待北京游客的方式去接待上海游客，也不能拿接待国内游客的方式去接待外国游客。

灵活性就是因人而异，因时制宜，因地制宜。因人：不同审美情趣的游客。因时：四季更迭，时辰更替。因地：最佳观赏点会因季节不同而各异。灵活性还

在于能触景生情，随机应变。特别是沿途风景，导游不能千篇一律，要见物生情，讲解内容随手拈来，即成妙趣。见什么讲什么，见商场讲购物，见马路讲交通，见农田讲农业，见酒店讲旅游，见姑娘讲风情。在讲解内容的安排上，要深浅恰当；在语言运用上，要雅俗相宜。

（四）导游讲解要戒除不良的口语习惯

1. 戒除含糊不清与啰唆重复

有的导游说话含糊，主要是对讲解内容不熟悉，缺乏自信心，讲解时常用"大概、好像、可能"之类的模糊语言。这类词语，容易给人以不确定、不熟悉的感觉，游客肯定不会满意，要使用准确、肯定的词语，才能赢得游客的信任。说话啰唆的人，语言实质内容少，反反复复、颠来倒去。也有导游想用哗众取宠的语言吸引人，故意用琐碎的语言铺垫，这些都是不可取的。

2. 戒除不良的口头习惯语和小动作

导游的口语表达要防止惯用的口头禅、不良的口头禅，如这个、那个、可能、嗯、差不多、结果呢、反正、呃哪等口头禅会妨碍讲解内容的连贯性，让游客听起来不舒服。同时，导游还要避免做令人生厌的小动作。常见的有：摆弄头发、首饰或衣服；眼睛快速转动或夸张的表情、动作等。口头语与书面语不同，口语有自己的特点：① 口语有声，声音有轻有重，有快有慢，抑扬顿挫，丰富多变，声音能很好地表情达意。② 口语除语言之外，还有面部表情、手势、姿势等态势语言辅助，辅助表达。③ 口语因其语言环境不同，可大量简略，不必每句话都主谓齐全。加长修饰词，反而会造成听觉上的困难，影响语言的表达。

四、导游讲解要恰当使用顺口溜

顺口溜通过民间流传较广或现成的、比较整齐押韵的段子，来简练地描述某种现象。比如：

（1）开会太多使人累，喝酒太多使人醉；聚众赌博是犯罪，旅游消费最实惠。

（2）好的商品带回家，家人又喜又是夸；喜的是你会识货，夸的是你想到她。

（3）广东导游夸美味，云南导游夸翡翠；上海导游多长辈，四川导游不怕累；新疆导游歌甜美，桂林导游说山水；西安导游一张嘴，北京导游跑断腿。

（4）激动的心，颤抖的手，拿起话筒要献丑，谁要是不鼓掌，谁就是嫌我丑。

（5）八菜一汤，米饭尽装；见菜不够，抓紧喝汤。

（6）跟着导游走，吃喝啥都有，问啥啥都会，走着还不累。

五、导游日常交际时的交谈技巧

导游工作是与人打交道的工作，在工作中必须和游客打交道，故而要注意交谈、讲话的技巧。在导游交际过程中，虽然导游讲解占据主要地位，但并不是完全没有与游客自由交谈的机会。这里的交谈主要指自由式聊天，导游在与游客交谈时也要讲究聊天的技巧。

（一）日常交谈要找合适的话题切入

导游交际中的聊天与一般社交场合的聊天一样，话题往往是随意的，而且可以不时转换，内容是海阔天空、无所不可的，气氛也一定是和谐、轻松的。但与一般社交聊天的区别是，导游与游客聊天的意图应该是明确的，即以达到协调双方关系、缩短双方心理距离、建立良好的交际基础为基本目的。因此，导游与游客聊天时主要是从对方感兴趣的或对方关心的话题切入。实际上，要找到这类话题并不是很容易，需要对游客进行一番必要的观察和了解，才能因人引"话"。如对旅游目的地的提前了解，女性游客对时装、美容、小孩的关注，老年游客对身体健康、怀旧的兴趣等。

（二）导游与游客交谈应积极主动

聊天一般有两种类型：一种是意图明确的；另一种是没有明确意图的。对导游交际来说，从导游的角度出发，一般多用前一种。就是说，在导游交际中，导游与游客的聊天一般是意图明确的。

意图明确又分为两种情形：一种是双方中一方有意、另一方无心，一方主动谈、另一方被动应酬；另一种是双方都有准备，约好时间、地点来谈。在导游交际中，主要是前一种情形，既存在着导游有意、游客无心的状态，也存在着游客有意、导游无心的状态。这表明，导游应该在两种情形中随机应变。首先，导游有意、游客无心的情形在导游交际中占大多数。导游有义务通过各种方式与游客协调好关系，聊天无疑是一种比较有效的方式。其次，游客有意、导游无心的情形在导游交际中也较常见。如果是游客主动与导游攀谈，导游应当立即有所反应，反应到有意识地与游客积极沟通的目的之上。无论是哪种情形的聊天，导游都应该采取主动积极的态度，根据游客的心理特征、语言习惯、文化水平、脾气秉性等各种因素，随机应变地引导聊天的过程，使交谈气氛融洽、交流愉快、过程顺利，达到与游客互相理解、有效沟通的目的。

（三）日常交际中导游称呼游客应得体

在导游交际中，导游经常会或远或近、或直接或间接地称呼游客，因而必须讲究技巧。在正常社交中，有一般关系和亲密关系两种称呼。导游与游客的关系更多的是导游交际中的角色关系，所以比较适合使用一般关系的称呼，如张先生、李女士。

由于游客的工作性质、生活环境、性格爱好、文化修养、人生追求等各种因素可能会不一样，与导游在身份、性别、年龄、职业等方面存在差异，所以，称呼游客时要讲究方式，运用技巧。

【知识链接】

在导游讲解之前，导游要做好充分的准备，讲解时才能做到胸有成竹。

1. 熟悉接待计划

根据具体情况选择适当的讲解服务方法，如游客人数、年龄、职业等。

2. 知识准备

知识准备内容包括景区知识、建筑、人文、地理、政策法规等方面的知识。

3. 物质准备

在必要时准备导游图册、讲解器等相关工具器材，为讲解服务做充分的准备。

【课后思考】

某高职院校拟进行导游服务技能比赛，要求选手在赛前根据选题范围准备一段 5 分钟的导游词和相应的 PPT 资料，讲解景点为国家 5A 级旅游景区，用中文进行模拟导游讲解，其中须含欢迎词，欢迎词包含问候语、欢迎语、介绍语、希望语、祝愿语五部分内容。假设你是参赛选手，请按照要求做好景点讲解的参赛准备。

任务二　导游讲解的原则及技巧

导游讲解是导游人员的一种创造性的劳动，因而在导游实践中其方式方法可谓千差万别，但这并不意味着导游讲解可以随心所欲。相反，要保证讲解质量，无论导游人员采用何种讲解方式，都必须符合导游讲解的基本原则。

一、导游讲解的原则

（一）客观性原则

客观性是指导游讲解要以客观现实为依据，在客观现实的基础上进行意境的再创造。在导游讲解中，导游人员无论采用什么方法或运用何种技巧，都必须以客观存在为依托，必须建立在自然界或人类社会某种客观现实的基础上。

例如：向游客介绍贵州遵义会议会址时，虽然游客看到的只是简单的会议桌子、椅子等，但导游人员需以此为基础来创造意境，通过真实客观存在的事件，讲解再现当年革命历史，使游客仿佛见证遵义会议召开这一历史时刻。

（二）针对性原则

导游讲解要有针对性，做到因人而异，满足游客求知、求奇、求新的需要。所谓"到什么山，唱什么歌；见什么人，说什么话"。游客有不同的旅游目的，他们的文化修养、知识水平和审美情趣也不同，这就要求导游人员在导游语言运用、服务态度、讲解方法和技巧方面也要有所不同。

例如：带领建筑业的旅游团参观贵州镇远青龙洞时，导游人员应多讲我国古建筑的特色、风格和设计方面的独到之处，甚至还要同他们交流有关建筑业方面的专业知识。如果是带领文化研究者团队，导游人员则应更多地介绍其中的儒、道、佛文化。

（三）计划性原则

计划性是指要求导游人员在特定的工作对象和时空条件下发挥主观能动性，科学地安排游客的活动日程，有计划地进行导游讲解。旅游团在目的地的活动日程和时间安排是计划性原则的中心，导游人员按计划带团进行每一天的旅游活动时，要特别注意科学地分配时间。如饭店至各参观游览点的距离及行车所需时间、出发时间、各条参观游览线所需时间、途中购物时间、午间就餐时间等。如果在安排上缺乏计划性，就会出现"前松后紧"或"前紧后松"的被动局面，甚至挤掉有些活动，影响计划的实施而导致游客的不满甚至投诉。

计划性的另一个具体体现是每个参观游览点的导游方案。导游人员应根据游客的具体情况合理安排景点内的活动时间，选择最佳游览线路，也要适当取舍讲解内容。什么时间讲什么内容、什么地点讲什么内容都应该有计划，从而达到最佳的导游效果。

例如：在安排游览完大小七孔后前往西江苗寨这样的行程时，要严格计算好时间。一般旅游团在早上八点前开始游览，将大七孔控制在一个半小时内，小七孔控制在三个小时内。在荔波用完午餐后前往西江，到西江安排游客住宿，六点钟用晚餐，七点到观景台观夜景，其后自由活动。

（四）灵活性原则

灵活性是指导游讲解要因人而异、因时制宜、因地制宜。导游人员在讲解时要根据游客的具体情况，以及天气、季节的变化和时间的不同，灵活地运用导游知识，采用切合实际的导游内容和导游方法。灵活性还在于能触景生情，随机应变。特别是沿途风景，导游不能千篇一律，要见物生情，讲解内容随手拈来，即成妙趣。

导游讲解以客观现实为依托，针对性、计划性和灵活性体现了导游活动的本质,也反映了导游讲解的规律。导游人员应灵活运用这四个基本原则,自然而巧妙地将其融于导游讲解之中,从而不断提高自己的讲解水平。

二、导游讲解时注意事项

导游讲解就是导游人员以丰富多彩的社会生活和绚丽多姿的观景物为题材,以兴趣爱好不同、审美情趣各异的游客为对象,对自己掌握的各类知识进行整理、加工和提炼,用简洁明快的语言进行的一种意境的描述。导游人员精彩的讲解,可使祖国的大好河山更加生动形象,使各地的民俗风情更加绚丽多姿,使沉睡千百年的文物古迹活灵活现,使令人费解的自然奇观有了科学答案,使造型奇巧的工艺品栩栩如生,使风味独特的菜点佳肴内涵丰富,从而使游客感到旅游生活妙趣横生,留下经久难忘的印象。导游讲解要达到这种境界,导游人员必须从以下方面加强修炼,着力提高自己的讲解水平。

（一）言之友好

导游人员在讲解时用词、声调、语气和态势语言都应该表现出友好的感情。"有朋自远方来,不亦乐乎""能认识大家是我的荣幸"都是表达友好的语言,可作为友谊的载体。

（二）言之有物

导游讲解要有具体的指向,不能空泛无物。讲解资料应突出景观特点,应充分准备,细致讲解,不要东拉西扯,缺乏主题,缺乏思想,满嘴空话、套话。导游人员应把讲解内容最大限度地"物化",使所要传递的知识深深地烙在游客的脑海中,实现旅游的最大价值。

（三）言之有据

导游人员说话要有依据,不能没有根据地胡乱地瞎说一通。与游客讲话、谈问题,对游览点的讲解,对外宣传等都要从实际出发,要有依据。

（四）言之有理

导游人员讲解内容、景点和事物等都要以事实为依据,要以理服人,不要言过其实、弄虚作假,更不要信口开河。那些不以事实为依据的讲解,一旦游客得知事实真相,就会感到自己受了嘲弄和欺骗,致使导游人员的形象在游客的心目中一落千丈。

（五）言之有趣

导游讲解要生动、形象、幽默和风趣,要使游客在听讲解的过程中,感受到一种美好的享受。需要指出的是，导游人员讲解中的风趣和幽默，要自然、贴切，绝不可牵强附会。不能以游客为玩笑对象，不正确的比拟会伤害游客的自尊心，并给其他游客不好的印象，让其反感。

（六）言之有神

导游讲解应尽量突出景观的文化内涵，使游客领略其内在的神韵。其所讲内容要经过综合性的提炼并形成一种艺术，让游客获得一种艺术享受。同时，导游人员要善于掌握游客的神情变化，分析哪些内容游客感兴趣，哪些游客不愿听，游客的眼神是否转移，游客是否有打呵欠……对这些情况都需随时掌握，并及时调整所讲内容。

（七）言之有力

导游人员在讲解时要正确掌握语音、语气和语调，既要有鲜明生动的语言，又要注意语言的音乐性和节奏感。此外，导游人员在讲解结尾时，语音要响亮，让游客有心理准备。

（八）言之有情

导游人员要善于通过自己的语言、表情、神态等传情达意。讲解时，应充满激情和热情，又充满温情和友情，富含感情和人情的讲解更容易吸引游客。

（九）言之有喻

恰当地运用比喻手法，可以降低游客理解的难度，增加旅游审美中的形象和兴趣。导游人员在讲解时要用比喻的语言、用游客熟悉的事物，来介绍、比喻参观的事物，使游客对自己生疏的事物能很快地理解并产生亲切感。

（十）言之有礼

导游人员的讲解用语、动作、行为要文雅、谦恭，让游客获得美的享受。

三、导游讲解常用技巧

导游要有充分的自信心，自信心直接影响讲解水平的发挥与游客的信任感。导游有将景点介绍给游客的权力，有决定在什么地方讲、讲什么的权力，只要导游认识到了这个由广大游客赋予的权力，认真准备，练就扎实的基本功，则不会怯场，从而在任何环境下都能从容地带好团，讲好景点。

（一）导游讲解的内容必须得体

得体，就是语言形式上的恰如其分，既能合乎讲解内容、讲解场景，又能反映导游的讲解风格。首先，导游语言要有整体的和谐感。导游作为一个特殊的演讲者，其和谐感体现为语言严谨而不显得痴呆、活泼而不轻率、幽默而不油滑、亲切而不低俗、明白而不粗浅。其次，导游语言要有合体的适应性。即对不同的景点，运用不同的修饰词汇，采用不同的基调，如自然山水的轻快、园林建筑的斯文、文物古迹的古韵、革命史迹的庄重等。要因时因景因文，各有所宜。最后，导游语言要有个体的独特性。这主要是指导游个体的讲解风格，即语言风格与导游个体气质、修养相吻合，或平和舒展、或朴实简单、或严谨翔实、或情真意实、或激情昂扬。

（二）对待"行家"应自信从容

导游的强手主要来自两种人：一是同行人员；二是游客中的佼佼者。如果导游看不到自己的长处，甚至将长处也看成短处，那么就无法开展任何一项工作了。优秀的导游，为了维护自己的尊严与自信心，常将其他导游看成学生和听众，做到"台上目中无人，台下虚怀若谷"。既然已经"粉墨登场"，那就得有"全无敌"的气概。这不是盲目狂妄，而是建立在"台下"练就的良好素质基础之上的自信。

（三）对待游客干扰要处变不惊

每个游客的成长经历不一样，学识、志趣、行业也千差万别。导游在讲解时，时常会有游客对导游发出各种干扰信息，如插话、私下讲话，或者故意习难，做出各种不和谐、不礼貌的言行。这就需要导游给予恰当的回应，对于这些不够友善的干扰，或者给予循循善诱，或者不予理会。一般不采取批评和训斥，以免游客产生逆反心理和对立情绪，使导游工作难以正常进行下去。

（四）对待讲解的失误要从容淡定

"智者千虑，必有一失。"导游讲解中难免会发生口误，口误既出，可以按照正确的讲解方法再讲一遍，确保讲解的可信性，不能置之不理。导游讲解都是脱稿讲解，随时都有中途忘记解说词的可能，这样会影响讲解的气氛，因而要避免中途忘记解说词的尴尬场面。最重要的是记住讲解的内容，尤其是那些格言警句等精彩的部分，必须花时间去记。对于那些记不得的解说词可以不讲，或者干脆设置悬念，放到下次来讲，也可以"嫁祸"于游客，让他们助你解决问题，从而走出困境。

（五）讲解时间不够时要重点突出

现场讲解应该遵循预先安排好的时间表，在设定的时间内完成某个景点的讲解，一旦某个景点的讲解超出规定的时间，就会影响下一个游程的正常安排。因此，若是遇上时间不宽裕，讲解内容将超出时间的许可范围，导游就必须对内容进行技术上的处理，及时调整讲解的策略，在基本保持完整的讲解体系下，删除部分内容，尤其是无关紧要的传闻、故事，或者将详述改为概述。需要注意的是，"虎头蛇尾""拦腰一刀"等是不合适的做法。

（六）防止游客出现超限逆反心理

超限逆反是指讲解的时间长，超出游客的心理承受力，致使游客的兴奋状态转为消极的状态，产生超长逆反的心理。为了防止出现这类情况，导游讲解内容即使是游客感兴趣的，也应适可而止。要考虑不同层次的人的需要。

讲解内容偏少单薄，不是优质服务；过多传递，讲个没完，也未必是为所有游客称道的优质服务。美国伯克利加州大学格赖斯教授认为：人们谈话之所以能顺利进行，是因为谈话双方都能遵循"四个准则"，即谈话内容涉及的消息充分却不显得多余；谈话内容真实可靠；话语与话题有关；表述清楚，简洁明了。导游在讲解中如能很好地把握上述"四个准则"，就可以有效地防止游客超限逆反心理的发生。

【知识链接】

做好导游工作的16项须知常识

——人生是旅行，而你是旅行教师。

——相遇两不忘，一个好心情。别忘记，你永远是一个给别人创造好心情的人。

——接受任何知识至少要确定两遍。

——熟悉你所带线路的每一个角落。一个小厕所甚至给你一个大帮助。

——给人家东西，要比人家期望得多，而且要高高兴兴地给出去。

——讲笑话要先排演。

——对清洁工人也要像对董事长那样友善。

——一天至少说三遍"你好、请、谢谢"。

——说对不起时，要眼望对方。

——要勇敢。天佑勇者，会以你想不到的方式帮你。

——记住你答应过别人的事情，信时守诺。

——游客需要信息量。讲大海时，不妨讲讲沙丁鱼的故事。

——厚积薄发。不停地积累，才能不断地释放。

——善于宽容别人。善于找到别人的优点。

——永远记住，你是一只带线的风筝，注意与"家"中的联系。

——每一次带团，都是一次投入的演出。时刻思考你的角色怎样才能让人回味无穷。

【知识链接】

甲秀楼位于贵阳市南部的南明河上,是市内小型人文风景区,犹如西安的大雁塔、武汉的黄鹤楼、成都的望江楼、昆明的大观楼,甲秀楼是贵阳的市徽和标志。甲秀楼始建于明代万历二十六年,即1598年,距今已有400多年的历史。最先倡导修建甲秀楼的是当时的贵州巡抚江东之,他以河中的一块形状像鳌的巨石作为基础,修建一座桥连接两岸,并筑一楼以培风水,取名为甲秀楼。建楼用意深远,不但刻意点明贵阳山水甲秀黔中,而且激励人们努力学习,贵阳"科甲竞秀",人才辈出。自此以后,贵阳果然出了许多著名人物,如明末以"读书画三绝"闻名于世的杨世友,清代的两个状元——文状元赵以炯和武状元曹维城。所以甲秀楼是贵阳人杰地灵的象征,是贵阳山水与文化的精华。我们现在看到的是甲秀楼的石牌坊,上面的题词是"城南胜迹",各位朋友可以在这里留影。我们脚下的这座桥叫浮玉桥,它的桥面美工不是平直的,而是有一个起伏,像一条浮在水上的玉带,增加了桥梁造型的美感。在全国的风景桥中,浮玉桥非常有名,可以与杭州苏堤上的"六桥烟雨"、扬州西湖的五亭桥媲美。浮玉桥横跨在明净的南明河上,两岸杨柳依依,非常美丽。桥上的秀楼是三层三檐四角攒尖顶,高约20米,4个角上刻有珍禽异兽的图案,底层有12根石柱托檐,四周护以雕花汉白玉栏杆,看上去金碧辉煌,十分壮丽,充分体现了中国古建筑的美感。浮玉桥原有9个桥孔,桥下的涵碧潭在此回旋荡漾,形成"长江水倒流,九眼照沙洲"的奇观。桥上的这个亭子叫涵碧亭,小巧玲珑,从远处眺望,半圆形的桥孔与宏观世界在水中的倒影全在一起,刚好是个正圆,桥、亭、楼的影子一齐映在水中,晃晃漾漾,给人以"镜中景、水中楼"的朦胧感觉,诗人更把这些感受写成了一副楹联,用"水从碧玉环中出、人在青莲辨里行"的诗句点出了它的神韵。过浮玉桥到东岸,还有一座明代园林——翠微园。主体建筑拱南阁为双层重檐歇山筒瓦顶的木结构楼阁,这是贵阳仅存的一座明代建筑原物,它造型优美,无论规模、形貌和装修工艺,在贵阳现存木结构中都首屈一指。甲秀楼为贵阳主要名胜,素有"小西湖"之称,历代文人墨客往来于此,触景生情,留下很多墨宝,其中尤以清代刘玉山所撰长联最为著名。洋洋洒洒174个字,凝结了贵州的历史文化,开头便是:"五百年稳占鳌矶,独撑天宇,主我一层更上,眼界拓开。"甲秀楼是闹市中一处不可多得的清幽之地,景区内古色古香,景区外高楼林立,入夜后灯火辉煌,成为历史文化和现代文明的聚集点。甲秀楼欢迎你下次再来。

【课后思考】

讲解时面对游客刁难该怎么处理?

任务三　导游讲解的方法

导游讲解的方法和技巧是导游艺术的重要组成部分，为了使自己成为游客的注意中心并将他们吸引在自己周围，导游必须讲究讲解的方式、方法，要善于编织讲解的故事情节，结合游览活动的内容，解疑释惑，创造悬念，引人入胜；要有的放矢、启发联想、触景生情；要有选择地介绍，采用有问有答、交流式对话，努力将游客导入意境。

一名成功的导游要善于针对游客的心理活动，灵活地运用导游手法，因势利导，对不同层次的游客施加相应的影响，使游客与导游之间达到心灵上的默契，让每一位游客的需要得到合理的满足，使其旅游生活轻松愉快。一名成功的导游人员应随时学习众家之长，但绝不能生搬硬套他人的经验，而是要将各种导游手法融会贯通并结合自身的特点，扬长避短，形成自己的导游风格。即使对自己擅长的讲解内容，也不应受其约束和限制，而要随机应变，灵活运用，从而获得不同凡响的导游效果。

国内外导游界的前辈们总结出了很多行之有效的导游方法，现简要介绍 9 种主要方法。

一、概述法

概述法是导游就旅游城市或景区的地理、历史、社会、经济等情况向游客进行概括性的介绍，使其对即将参观游览的城市或景区有一个大致的了解和轮廓性认识的一种导游方法。这种方法多用于导游人员接到旅游团后，坐车驶往下榻饭店的首次沿途导游中，也适用于游览较大的景点之前，在入口处示意图前进行的讲解。它好比是交响乐中的序曲，能起到引导游客进入特定的旅游意境，初步领略游览地奥秘的作用。例如，在车上可用概述法介绍黄果树风景名胜区，可概述黄果树瀑布风景区位于贵州镇宁、关岭两个布依族苗族自治县的接壤处，距离安顺市 45 千米，距离贵阳 137 千米，包含陡坡塘、天星桥、大瀑布 3 个中心景区，是中国第一、世界第三大瀑布，是世界上唯一一个可从上、下、前、后、左、右六方位观看的瀑布等。

二、分段讲解法

分段讲解法就是对那些规模较大、内容较丰富的景点，导游将其分前后衔接的若干部分来逐段进行讲解的导游方法。

一般来说，导游可首先在前往景点的途中或在景点入口处的示意图前介绍景点概况（包括历史沿革、占地面积、主要景观名称、观赏价值等），使游客对即将游览的景点有个初步印象，达到"见树先见林"的效果。然后带团到景点按顺序进行游览，进行导游讲解。在讲解当前部分景物时注意不要过多涉及下一部分的景物，目的是让游客对下一部分的景物充满期待，并使导游讲解环环相扣、景景相连。

三、突出重点法

突出重点法就是在导游讲解中不面面俱到，而是突出某一方面的导游方法。一处景点，要讲解的内容很多，导游必须根据不同的时空条件和对象区别对待，有的放矢地做到轻重搭配、重点突出、详略得当、疏密有致。

导游讲解时一般要突出以下四个方面：

（一）突出景点的独特之处

游客来到目的地旅游，要参观游览的景点很多，其中不乏一些与国内其他地方类似的景点。导游人员在讲解时必须讲清这些景点的特征及与众不同之处，尤其在同一次旅游活动中参观多处类似景观时，更要突出介绍其特征。例如，贵州黄果树大瀑布虽然不是世界第一大瀑布，但是唯一一个可从上下左右前后六方位全面观看的瀑布。

（二）突出具有代表性的景观

游览规模大的景点，导游必须事先确定好重点景观。这些景观既要有自己的特征，又能概括全貌。实地参观游览时，导游人员应主要向游客讲解代表性的景观。例如，游览荔波小七孔风景区时，重点讲解卧龙潭的神话故事传说，介绍龟背山森林公园的景观特点，重点介绍小七孔古桥的历史。把这些讲透了，游客对小七孔风景名胜区就有了全面的了解。

（三）突出游客感兴趣的内容

游客的兴趣爱好各不相同，但从事同一职业、文化层次相同的人往往有共同的爱好。导游在研究旅游团的资料时要注意游客的职业和文化层次，以便在游览时重点讲解旅游团内大多数成员感兴趣的内容。例如，在游览故宫时，如果游客对中国古代建筑感兴趣，导游人员应重点介绍故宫的建筑物及其特征、建筑布局和建筑艺术，并将中国古代宫殿建筑、民间建筑乃至西方国家的宫殿建筑进行比较；如果游客对中国历史尤其是明、清的历史感兴趣，导游应重点讲解故宫的历史沿革和在故宫发生的重大事件，从而加深游客对明、清历史的了解。

四、突出之最

面对某一景点,导游可根据实际情况,介绍这是世界或中国最大、最长、最古老、最高,甚至可以说是最小的等,因为这也是在介绍景点的特征,也能引起游客的兴致。例如,贵州西江苗寨是中国乃至全世界最大的苗族聚居村寨,能让国内游客产生自豪感,产生敬佩感,从而留下深刻的印象。不过,在使用"某某之最"进行导游讲解时,必须实事求是,言之有据,绝不能杜撰,也不要张冠李戴。

五、问答法

问答法就是在导游讲解时向游客提问题或启发他们提问题的导游方法。使用问答的目的是活跃游览气氛,激发游客的想象思维,促使游客和导游人员产生思想交流,使游客获得参与感或自我成就感的愉悦。问答法包括自问自答法、我问客答法、客问我答法和客问客答法四种。

(一)自问自答法

导游自己提出问题,并适当停顿,让游客猜想,但并不期待他们回答,只是为了吸引他们的注意力,促使他们思考,激起兴趣,然后做简洁明了的回答或生动形象的介绍,还可以借题发挥,给游客留下深刻的印象。

(二)我问客答法

导游要善于提问,所提问题要问得恰当,同时还要诱导游客回答,但不要强迫他们回答,以免使游客感到尴尬。游客的回答不论对错,导游都不应打断,更不能笑话,而要给予鼓励。最后由导游讲解,并引出更多、更广的话题。此外,导游提问的时机也要把握好。导游应该懂得,提问不能太随便也不能没有目的,只有懂得把握时机,才能收到好的效果。一般来说,游客在静想和思考问题的时候,导游不宜打扰游客;游客在欣赏美景和节目的时候,导游不要提与此无关的事情和问题。

(三)客问我答法

导游要善于调动游客的积极性和他们的想象思维,欢迎他们提问题。游客提出问题,说明他们对某一景物产生了兴趣,进入了审美角色。对他们提出的问题,即使是幼稚可笑的,导游人员也绝不能置若罔闻,既不能笑话他们,也不能显示出不耐烦,而是要有选择地将回答和讲解有机结合起来。不过,对游客的提问,导游不要他们问什么就回答什么,一般只回答一些与景点有关的问题,注意不要让游客的提问冲击自己的讲解,打乱自己的安排。在导游实践中,导游要学会认真倾听游客的提问,善于思考,掌握游客提问的一般规律,并总结出一套相应的

"客问我答"的导游技巧，以求随时满足游客的好奇心。

（四）客问客答法

导游对游客提出的问题并不直截了当地回答，而是有意识地请其他游客来回答，亦称"借花献佛法"。导游在为"专业团"讲解专业性较强的内容时可运用此法，但前提是必须对游客的专业情况和声望有较深入的了解，并事先打好招呼，切忌安排不当，引起其他游客的不满。如果发现游客回答问题时所讲的内容有偏差或不足，导游也应见机行事，适当指出，但注意不要伤害游客的自尊心。需要注意的是，这种导游方法不宜多用，避免游客对导游的能力产生怀疑，产生不信任感。

六、触景生情法

触景生情法是指见物生情、借题发挥的导游讲解方法。在导游讲解时，导游不就事论事地介绍景物，而是要借题发挥，利用所见景物制造意境，引人入胜使游客产生联想，从而领略其中妙趣。触景生情法的另一个含义是导游讲解的内容要与所见景物和谐统一，使其情景交融，让旅游者感到景中有情、情中有景。例如，当旅游团参观宽广的太和门广场、高大巍峨的太和殿时，导游可以讲一点末代皇帝溥仪三岁登基时被隆重的场面吓得直哭，闹着回家，而他的父亲连说"快完了、快完了"哄他的历史趣闻。游客望着宏伟的太和殿，听着风趣的讲解，定会发出欢快的笑声。触景生情贵在发挥，要自然、正确、切题地发挥。导游要通过生动形象的讲解、有趣而感人的语言，赋予死的景物以生命，注入情感，引导游客进入审美对象的特定意境，从而使他们获得更多的知识和美的享受。

七、制造悬念法

制造悬念法是指导游在讲解时提出令人感兴趣的话题，但故意引而不发，激起游客急于知道答案的欲望，使其产生悬念的方法，俗称"吊胃口""卖关子"。

这是一种常用的导游手法。通常是导游先提起话题或提出问题，激起游客的兴趣，但不告知下文或暂不回答，让他们去思考、去琢磨、去判断，最后才讲出结果。这是一种"先藏后露、欲扬先抑、引而不发"的手法，一旦"发（讲）"出来，会给游客留下特别深刻的印象，而且导游也可以始终处于主导地位，成为游客的注意中心。

制造悬念的方法很多，如问答法、引而不发法、引人入胜法、分段讲解法等都可能激起游客对某一景物的兴趣，引起遥想，急于知道结果，从而制造出悬念。例如，游览苏州网师园的"月到风来亭"，此亭傍池而建，面东而立，亭后装一大镜，将前面的树石檐墙尽映其中。旅游团到此，导游当然要讲解亭子建造之精美、结构之巧妙、安装大镜之匠心。尔后，导游还可提一句：每当夜晚，皓月当空，在这里可以看到三个月亮。这一句定会引起游客的好奇心：天上一月，池中一月，怎会有第三个月亮？当游客的脸上露出迷惑不解的表情时，导游人员才点破：第三个月亮在镜中。此时游客才恍然大悟，高兴之余，定会赞叹大镜安置之妙。

制造悬念是导游讲解的重要手法，在活跃气氛、制造意境、提高游客游兴、提高导游讲解效果诸多方面往往能起到重要作用，所以导游都喜欢用这一手法。但是，再好的导游方法都不能滥用，"悬念"不能乱"造"，以免起反作用。

八、类比法

类比法是指以熟喻生，达到触类旁通的导游手法，即用游客熟悉的事物与眼前景物比较，便于他们理解，使他们感到亲切，从而达到事半功倍的导游效果。

类比法分为同类相似类比、同类相异类比和时代类比法，不仅可在物与物之间进行比较，还可做时间上的比较。

（一）同类相似类比

将相似的两物进行比较，便于游客理解并使其产生亲切感。如将北京的王府井比作日本东京的银座、美国纽约的第五大街、法国巴黎的香榭丽舍大街；参观贵州镇远古镇时，可将其称作"东方威尼斯"。

（二）同类相异类比

这种类比法可以比较出两种事物的质量、水平、价值等。例如，中国长城与英国哈德良长城之比，中国故宫和日本天皇宫之比等。但是，使用时要谨慎，绝不能伤害游客的民族自尊心。这种类比法还可以比出两种事物在风格上的差异，如陪法国旅游团参观故宫时，可将其与巴黎附近的凡尔赛宫做比较。

（三）时代类比

游览故宫时，导游若说故宫建成于明永乐十八年，不会有几个外国游客知道这究竟是哪一年，如果说故宫建成于公元1420年，就会给人以历史久远的印象。但是如果说在哥伦布发现新大陆前72年，莎士比亚诞生前144年中国人就建成了面前的这座宏伟宫殿建筑群，不仅便于游客记住中国故宫的修建年代，给他们留下深刻印象，还会使外国游客产生"中国人了不起，中华文明历史悠久"的感觉。

九、画龙点睛法

用凝练的词句概括所游览景点的独特之处，给游客留下突出印象的导游手法称为"画龙点睛法"。游客听了导游讲解，观赏了景观，一般都会有一定的感悟。

导游可趁机给予适当的总结，以简练的语言，甚至几个字，点出景物的精华所在，帮助游客进一步领略其奥妙，获得更多、更高的精神享受。例如：旅游团参观南京后，可用"古、大、重、绿"四字来描绘南京风光特色；总结青岛风光特色可用"蓝天、绿树、红瓦、沙滩、碧海"五种景观来概括。又如游览颐和园后，游客可能会对中国的园林大加赞赏。这时导游可指出，中国古代园林的造园艺术可用"抑、透、添、夹、对、借、障、框、漏"九个字概括，并帮助游客回忆在颐和园中所见到的相应景观。这种做法能起到画龙点睛的作用，不仅能加深游客对颐和园的印象，还可使其对中国的园林艺术有初步的了解。

除上述九种导游讲解方法外，我国的导游们还总结出了概括法（平铺直叙法）、简述法、详述法、引而不发法、引人入胜法、课堂讲解法（如做专题讲座）、联想法等，在此不再一一介绍。讲解方法很多，然而，在具体工作中，各种导游方法和技巧不是孤立的，而是相互渗透、相互依存、密不可分的。导游人员只有将其融会贯通，结合自己的特点，形成自己的讲解风格，并视具体的时空条件和对象，灵活、熟练地运用，从而达到最佳效果。

【知识链接】

黄果树瀑布是中国第一大瀑布，也是世界上著名的大瀑布之一。1982年11月，经中华人民共和国国务院审定，黄果树瀑布已被列为国家重点风景名胜区。

黄果树瀑布距贵阳市137千米，位于贵州省西部镇宁县和关岭县接壤处的打邦河支流的白水河上。从贵阳乘车到黄果树，约需一个半小时的时间。今天起得也比较早，请大家在车上稍做休息，养精蓄锐，待会儿一睹黄果树瀑布的风采。

黄果树瀑布风景区已经到了，下车后请不要走散，我立即去买票，把票发给大家。

进景区后请大家跟着我走。首先我们参观到的是黄果树盆景园。盆景园是黄果树瀑布景区里新近开发的又一处景观。它离黄果树宾馆仅500米，占地40亩（26 666.67平方米），园内展示盆景3 000多盆，姿态各异，争奇斗艳。黄果树瀑布景区地处贵州西部低洼地带，海拔较低，终年无霜，极适宜亚热带植物生长。这里随处可见仙人掌、黄桷兰、白玉兰等多肉植物及其他喜温灌木乔木。除此之外，在南方植物园里常见的栾树、米兰等，也已在此安家。一年四季枝繁叶茂、花团锦簇。

请大家跟着我继续向前走，前面就是闻名遐迩的黄果树瀑布了。

黄果树瀑布高68米，加上瀑上瀑6米，总高74米，宽81米，夏秋洪水暴涨，瀑布如黄河倒倾，峭壁震颤，谷底轰雷，十里开外，也能听到它的咆哮；由于水流的强大冲击力，溅起的水雾可弥漫数百米以上，使坐落在瀑布左侧崖顶上的寨子和街市常常被溅起的水雾所笼罩。游人谓之"银雨洒金街"。冬春水小，瀑布便分成三五绺从岸顶上挂下来，远远望去，那洁白的水帘飘然而下，如绸缎飘舞，如仙袂飘举，如淑女浣纱。数百年来，黄果树瀑布的雄姿一直为许多文人学者所惊叹。清代贵州著名书法家、"颐和园"三字的题额者严寅亮在"望水亭"题写的对联"白水如棉，不用弓弹花自散。红霞似锦，何需梭织天生成"，更是形象而生动地概括了黄果树瀑布的壮丽景色。

现在，我们来到了瀑布跌落处——犀牛潭。此潭乃因传说有神犀潜藏水底而得名。有没有神犀，谁也没有见过，但潭水的神秘幽深，至今依然，任何人驻足潭边，都会浮想联翩。若是晴天的上午10时或下午4时左右，由于阳光的折射，你还可以透过瀑布冲击时溅起的雨雾，看到从深潭中升起的七色彩虹，使你顿生雄姿盖世、艳丽昭天之感。

这个瀑布为什么起名黄果树瀑布，而不叫其他别的什么瀑布呢？据民间传说，是因为瀑布边上有棵高大的黄桷树，按当地的口音，"桷"（jué）与"果"读音相同，所以人们就习惯称之为黄果树，这是一种说法。还有一种说法，传说很久以前瀑布附近的农民都喜欢种黄果，瀑布边上就有一大片黄果园，因此就把这个瀑布称为"黄果树瀑布"。与世界上其他著名的大瀑布相比，黄果树瀑布虽然没有非洲维多利亚大瀑布、北美洲尼亚加拉大瀑布、委内瑞拉安赫尔大瀑布那般宽阔、高深和雄伟，但是，黄果树瀑布自有它的奇特之处，它是世界上处在喀斯特地区最大瀑布，也是最壮观的瀑布。这个瀑布就像是一块奇异的磁石，在它的地面、地下、水上、水中还吸附着一连串丰姿绰约的景致。其中最神奇的一处就是，隐藏在大瀑布半腰的崖廊洞穴。由于洞外藤萝攀附，水挂珠帘，故曰"水帘洞"。这是世界上其他瀑布所没有的奇特景观。

女士们、先生们，"水帘洞"已经到了。水帘洞全长134米，由6个洞窗、3个股洞泉和6个通道所组成。根据中国神话故事改编的大型电视连续剧《西游记》中水帘洞一场戏，就是在这里拍摄的。

这是第一洞窗，它的位置最低，离犀牛潭水面仅40米，但洞窗则最宽大，有十几米宽，位置在第一、二个瀑布中间，水大时两个瀑布就连成水帘，将洞窗全部封住；水小时则次第拉开，从几米到十几米不等，就像可以随意开合的窗帘。

这是第二洞窗，它离第一洞窗仅4米左右。这是一个静谧的世界，号称水晶宫。它是水帘洞的心脏部分，长11米，高9米，宽3米。路旁有一股泉水，清澈明净，水长年保持在一个水位。洞顶悬挂着许多钟乳石，在麦秆状钟乳石上还有名贵的卷曲石。洞壁上还悬着数不清的石幔、石帘。

这是第三洞窗，它向外突出，很像阳台。这个洞窗有1米高，3米长，外面围有护栏，游人站在护栏后面可以伸手摸到瀑布，所以人们把这里称之为"摸瀑台"。

女士们、先生们，现在我们要游览的景观是犀牛潭峡谷景观。你们看，从犀牛腰往下，是一道一道相连的跌水，依次是犀牛潭、三道滩、马蹄滩、油鱼井等。在这一连串滩潭中，为首的自然是犀牛潭，它深17.7米，经常为溅珠覆盖，雾珠淹没。只要有阳光，瀑布溅珠上经常挂着七彩缤纷的彩虹，随人移动，变幻莫测。

　　黄果树瀑布为什么会这样呢？这是因为黄果树瀑布地处喀斯特地区，是由水流的侵蚀作用形成的。当溯源侵蚀裂点到达上游时，河水沿着喀斯特裂隙冲刷、溶蚀、冲蚀、磨蚀，管道逐渐扩大，形成落不洞及地下河；当地表河注入落水洞后水量的比例逐渐增大，就形成了喀斯特地区特有的奇观，在明流注入落水洞处，就形成落水洞式瀑布。随着水流的冲蚀，暗河洞穴越来越大，于是沿地表干谷发育了成串分布的竖井及天窗，它们不断扩大、归并、垮塌，就造成了现今雄伟壮观的黄果树瀑布和瀑布下游深邃险峻的峡谷。

　　我希望诸位举起你们的照相机，把黄果树瀑布拍下来，留在你们的记忆中，宣传给更多的人。因为黄果树瀑布的美景是中国的，同时也是属于世界的。

【课后思考】

编写一段导游词，运用以上 1～2 种技巧。

项目二　认知导游及导游词

【导言】

导游是通过口语的分析说明，向观众有针对性地传播知识和信息的一种交流活动。导游讲解的依据是导游词，导游词的内容依靠导游的口头语言方式表达传递给游客。游客在游览中，边看边听，思绪随着导游的讲解驰骋，情绪亦张亦弛，是一种很好的艺术享受。

【学习目标】

学习本项目后，了解导游的特点及应具备的能力，理解导游词的特点及创作要求；能辨析各类导游词的特点；能明晰导游对导游词的驾驭能力体现；具备导游基本职业素养。

【学习重点】

1. 掌握导游词撰写的方法与技巧。
2. 辨析不同类别导游词的特点。

【学习难点】

导游对导游词的驾驭能力。

【案例导入】

某高校旅游专业学生将于开学第二周以班级为单位开展一次专业学习研讨会。旅游教研室要求学生搜集并整理有关导游的要求、导游词的作用、导游词的类别、导游与导游词的关系等资料，进行主题发言。如果你是这名同学，你将从哪些方面进行整理。

任务一　导游、导游词概述

导游分为中文导游和外语导游。在中国，导游必须经过全国导游人员资格考试以后才能够从业。现在的导游一般挂靠旅行社或集中在专门的导游服务管理机构。按照具体工作内容不同，可以分为领队、全陪、地陪。一般来说，景点讲解员也属于导游人员范畴。

一、导游的概念

导游一般指带领游览、指导游览的活动，这里所说的导游是一种职业，是指担任导游工作的人。具体来说，导游工作就是引导游览，让游客感受山水人文之美，并且在这个过程中给予游客食、宿、行等各方面的帮助，并解决旅游途中可能出现的问题。

二、导游的职责

导游的基本职责可概括为以下五点：
（1）根据旅行社与游客签订的合同规定，按照接待计划安排和组织游客参观游览；
（2）负责为游客引导讲解，介绍中国（地方）文化和旅游资源；
（3）配合和督促有关单位安排游客的交通、食宿等，保护游客的人身和财物安全；
（4）耐心解答游客的问询，协助处理旅途中遇到的问题；
（5）反映游客的意见和要求，协助安排游客会见、会谈活动。

三、导游词的界定及作用

导游词是导游引导游客游览时讲解的文字，是导游或讲解词作者，在对旅游点的深入调查研究、挖掘掌握大量资料的基础上，以口头文学的形式，将材料合理组织后呈现给游客的一种文学作品。

（一）导游词的界定

导游词是导游引导游客观光游览时的讲解词，是导游同游客交流思想、向游客传播文化知识的工具，也是应用文写作研究的文体之一。

导游词一般包括欢迎词、欢送词、答谢词、沿途讲解词及景点讲解词。本模块重点讲解景点导游词。

（二）导游词的作用

（1）引导游客鉴赏。导游词的宗旨是通过对旅游景观绘声绘色地讲解、指点、评说，帮助游客欣赏景观，以达到游览的最佳效果。

（2）传播文化知识。传播文化知识即向游客介绍有关旅游胜地的历史风土人情、传说故事、民族习俗、古迹名胜、风景特色，使游客增长知识。

（3）陶冶游客情操。导游词的语言应具有言之有理、有物、有情、有神等特点。采用语言艺术和技巧，给游客勾画出一幅幅立体的图画，构成生动的视觉形象，把游客引入一种特定的意境，从而达到陶冶情操的目的。

（4）其他。导游词对旅游地出产物品的说明、讲解，客观上起到向游客介绍商品的作用。

四、导游词的特点

导游词不同于书面文字，它必须具备以下几个特点：

（一）准确恰当

导游的口语质量如何，在很大程度上取决于遣词用语的准确性。讲解的词语必须以事实为依据，准确地反映客观事实，做到就实论虚，入情入理，切忌使用空洞无物或言过其实的词语。这就要求导游对讲解要持有严肃认真的态度，要讲究斟词酌句，要注意词语的组合、搭配。只有恰当的措辞，相宜的搭配，才能准确地表达意思。

（二）鲜明生动

在讲解内容准确、情感健康的前提下，语言还要求鲜明生动，言之有神，切忌死板、老套、平铺直叙。一般来讲，导游要善于恰当地运用一些修辞手法，如对比、夸张、比喻、借代、映衬、比拟等来美化自己的语言，只有美化了的语言才能把导游内容亦即故事传说、名人轶事、自然风物等讲得有声有色，活灵活现，从而产生一种美感，勃发一种情趣，以强烈的艺术魅力吸引游客去领会你所讲解的内容，体验你所创造的意境。比如："看，山上的迎客松正在微笑着，向我们伸出了热情的手，欢迎各位远道而来的客人。""迎客松"是植物，赋予人的思想感情之后，会"微笑"，会"伸出热情的手"，这样就显得更加生动。

（三）风趣活泼

风趣活泼是导游语言生动性的一种表现。导游要善于借题发挥，用夸张、比喻、讽刺、双关语等，活跃讲解气氛，增强艺术表现力。例如，旅行车在一段坑坑洼洼的道路上行驶，游客中有人抱怨。这时，导游可说："请大家稍微放松一下，我们的汽车正在给大家做身体按摩运动，按摩时间大约为 10 分钟，不另收费。"引得游客哄然大笑起来。

（四）优雅文明

讲解用语要注意讲究优雅文明，切忌粗言俗语以及使用游客忌讳的词语。有的导游由于平时文明修养不够，在讲解时不知不觉"冒"出一些不文明的用语，如"那个老家伙""老母猪打架——光使嘴"等，如果改用文明词语就会优雅得多。

（五）浅白易懂

导游讲解的内容主要靠口语来表达，口语声过即逝，游客不可能像看书面文字那样可以反复阅读。当时听得清楚，听得明白才能理解，所以要根据口语"有声性"的特点，采用浅白易懂的口语化讲解。口语化的句子一般比较短小，虽然也有属于长句的，但一般要在中间拉开距离，分出几个小句子来。比如："这座大佛高 71 米，他的头长就有 14 米、头宽 10 米，头顶中心的螺髻可以放一个大圆桌，大佛的脚背有 8 米多宽，站 100 个人，一点也不拥挤。"句子多停顿几次，说起来就毫不费劲，因为一口气不可能说太多太长，不然听者也会因句子太长造成理解上的困难。

五、导游与导游词的关系

（一）导游词是讲解的基础

每个景点都有导游词，导游词是导游讲解的依托和基础。一般来说，每个景点的导游内容都比较丰富，表达方式不尽相同。由于是书面创作，在逻辑性、语句严谨性方面的特色较鲜明。

（二）导游能够驾驭导游词

每位导游在带团之前都要准备好相关景点的导游词，可以在众多的书面导游词中进行选择，再加以熟悉。选择别人已经创作好的导游词，难免不合心意，或讲解起来拗口，应从自己的角度去介绍景点。一个优秀的导游必须能够驾驭导游词，即能结合自己的理解优化导游词，或者创作导游词。

1. 会优化导游词

优化导游词是指导游在搜集到的景点导游词基础上，结合自己掌握的相关资料，对导游词进行适当改写，形成便于自己讲解的导游词。

2. 能创作导游词

创作导游词是指导游搜集景点相关资料，按照自己的讲解思路组织语言，形成独具风格的导游词。创作导游词需要导游掌握大量资料并能正确取舍，同时需要具备一定的写作能力，能够组织语言加以撰写。

【知识链接】

一、明晰导游对导游词的驾驭能力

导游必须会驾驭导游词，一是会优化导游词，二是能创作导游词。

（一）会优化导游词

按照认知规律，从易到难，先学会优化导游词。在已有导游词基础上结合景点特点进行优化：一是内容上优化，对已有导游词进行改写，如适当引入古诗词、插入小故事，目的是帮助游客更好地游览欣赏景点；二是语言上优化，对已有导游词进行语言上的加工，如长句化短句、使用口语词、使用拟声词等，目的是使导游词更具口语化特色，讲解起来朗朗上口，让游客听起来和谐顺耳，缩短导游与游客之间的心理距离。

（二）能创作导游词

创作导游词需要具备一定的材料搜集能力、材料取舍能力、写作能力及语言表达能力，拥有了这些能力，导游才能创造出优秀的导游词。另外，创作导游词需要掌握比较丰富的文化知识，能对诸多的文字材料加以取舍，还要提炼景观特色，用适合讲解的语言撰写导游词。

二、创作导游词的前期准备

（一）材料搜集

俗话说"巧妇难为无米之炊"，导游词创作需要搜集大量与景点有关的资料，包括历史背景文化、建筑特色、布局结构、形成原因、外观特征、美学特征、逸闻趣事等。

（二）材料取舍

搜集材料时越多越好，整理材料时越精越好。导游进行导游词创作时要对搜集的资料进行取舍，取舍的原则为是否能切实体现景点特色，与之关联度不高的一律放弃。以"凤凰古城"景点为例，其中，"沈从文故居"资料可以有故居的建筑历史、沈从文的成长历程、沈从文创作的诸多作品等，如果全部纳入导游词，篇幅太长，导游讲解会一团糟。所以要根据"沈从文故居"的特点，根据团型特点加以取舍。

（三）写作思路

导游词有一定的格式，无论是参赛导游词、考证导游词，还是带团导游词，都要有开头语（简短的欢迎词，概说）、景观解说（按游览线路或主题确定）、结束语三部分。其中，开头语和结束语也有一定的格式，景观解说要依据景观类别突出其特色。

（四）确定语体

导游词的语体介于书面语体和口头语体之间，应该偏向口头语体多一些，但又有别于谈话、介绍、演讲、辩论等口头语体，是在书面语体基础上的口语化。

【知识链接】

侗族是一个古老的民族，主要分布在贵州、湖南、广西、湖北四省毗邻的贵州黔东南、铜仁及湖南、广西、湖北等省的交界处。在众多的侗族村寨中，以肇兴侗寨最为有名。肇兴，俗名"六洞""略懂""宰肇"，现是肇兴乡政府所在地，寨内分设3个行政村，共有920多户，4 000余人，是黎平县最大的侗族聚居村寨，也是全国最大的侗族自然寨。"肇"在侗语中是开始、最先的意思。那么肇兴也就是这一方最先开始生存的寨子。据传，村民之先祖陆浓暖，从江西迁徙，历尽千辛万苦，最后定居肇兴。当时这里竹林丛生，荆棘遍野。他于是在一个名叫"象细"的地方挖了一口井，开荒造田，居于井旁。后来陆浓暖的后裔逐渐发展兴旺，村落相应扩大，分迁纪堂、登杠、洛香等寨去居住。肇兴为"六洞之根"，鼓楼、戏台、花桥、吊脚下楼是侗寨的标志性建筑物，寨内流水潆洄，两旁皆为青瓦木楼、鳞次栉比，疏密有致，全部都是用杉木建造的干栏式吊脚楼。最具特色的是5座鼓楼、5座花桥、5座戏楼大小不一，高低不等，风格各异，与歌坪、禾凉、谷仓、瓢井等建筑相互呼应，形成独特的侗乡村寨风光。首先看到的是侗寨的寨子门，每逢节日或有贵客来访，以及两寨子之间男女婚嫁时，主人们就到寨子门前"拦路唱歌"迎贵客，通过相互盘唱，表达互敬之意和思念之情。客人离去时，主人备办礼物，来到寨子门口，拦路唱歌表示挽留，主客对唱，依依惜别。进门要唱歌，出门也要唱歌，喝酒也要唱歌，所以侗家人常说："不会唱歌难做客。"肇兴侗寨全为陆姓侗族，分为五大房族，分居五个自然片区，当地称之为"团"，分为仁团、义团、礼团、智团、信团。鼓楼是侗族村寨的标志，是侗族人民精神文化的象征，是侗族村寨政治、文化活动的中心。侗族村村寨寨都要建鼓励楼，有的全寨子共建一座，有的每个房族建一座。肇兴侗寨有仁、义、礼、智、信五大房族，每个房族建一座鼓楼，所以寨子内有五座鼓楼，形成了鼓楼群。鼓楼群是肇兴侗寨最显著的标志。五座鼓楼的外观、高低、大小、风格各异，蔚为大观。鼓楼用处很多，平日劳作之时，老年人、青年人云集在鼓楼下棋、谈古、学侗歌等娱乐活动。遇到大事人们便在楼内聚众议事、排解纠纷；如有贵客来访或逢年过节，人们又可在鼓楼坪上迎宾接客或踩歌堂等，所以鼓楼是侗族人民的政治、经济和文化娱乐的重要场所，也是侗族村寨的标志和中心。花桥也叫风雨桥，是侗族人心中的福桥。按照侗族的传统习俗，花桥一般都在村前寨尾的溪河畔，建设在人们认为有灵性的地方，与村寨和鼓楼遥相呼应，既便于通行又能聚气和拦挡风水。侗族花桥建筑集亭、台、楼、阁于一体，是一种古老的廊桥式建筑。风雨桥主要用于交通，桥廊两侧有通桥长凳供人们休息、歇凉，特别是夏天劳动之余，板凳上坐满了人，晚上桥内灯火闪闪，人来人往，也是年轻人谈情说爱的场所。

【课后思考】

1. 一个优秀的导游应具备哪些方面的能力？
2. 创作一篇导游词需要提前做好哪些准备？

任务二 导游词创作

全国职业院校技能大赛（以下简称"国赛"）设置了"导游服务"赛项，赛项规程规定竞赛内容包括五个部分，即导游知识测试、现场导游词创作及讲解、自选景点导游讲解、导游英语口语测试、才艺运用。其中，现场导游词创作及讲解内容为中国著名旅游文化元素。该部分比赛公开题库，题库包括 100 个旅游文化元素和 15 个团型。选手现场抽选出一个旅游文化元素和一个团型，准备时长 30 分钟，独立完成现场导游词创作。30 分钟后上场，在 2 分钟内用中文进行脱稿讲解。

一、中国著名旅游文化元素导游词界定

国赛中的中国著名旅游文化元素主要包括人文景观、各民族传统节日、传统工艺美术、传统民间技艺、宗教文化、饮食文化、表演艺术、民族民俗等 8 个方面，有 100 个体现旅游文化元素的景观。中国著名旅游文化元素导游词就是指现场创作出的这些景观的导游词。

二、团型分析

团型是一个导游带团前必须向旅行社了解的一项重要内容。不同的团型有不同的需求，导游讲解也要有不同的侧重点，所以导游词创作时应分析团型，不可用一篇导游词接待所有团型。这样的导游词针对性不强，很难有吸引力。

国赛题库中有宗教朝圣团、亲子团、中学生研学团、老年团、商务团、政务团、教师团、留学生团、养生团、女性团、度假团华侨团、作家采风团、摄影团、写生团等多种类型，选手要抽取确定团型后再进行导游词创作及讲解。所以，对团型进行分析是必要的。

三、中国旅游文化元素导游词创作技巧

（一）挖掘文化内涵

中国旅游文化元素景观拥有大量的文化知识，内涵博大精深，需要导游在导游词创作时进行挖掘并加以取舍。文化内涵主要包括人文景观所处时代的历史文化背景呈现出来的具体特征或表象，背后所蕴含的历史人文故事、社会价值观、信仰、功能价值、生活风情等。

（二）明晰创作思路

导游词创作遵循一定的思路，有了思路一方面便于创作，另一方面方便记忆和讲解。创作中国旅游文化元素导游词的主要思路体现在两方面：一是按照游览线路进行创作；二是突出主题进行创作。

1. 按旅游线路创作

每一个景观不是独立存在的个体，很多景点都有游览线路，如曲阜三孔就有孔庙、孔府、孔林的游览线路，秦始皇兵马俑也有一、二、三号坑的游览线路。按旅游线路创作的导游词方位性较强，条理较清晰，但务必要突出线路上景观的人文特色。具体创作过程中要将景点的历史背景、景点用途（或功能）、景点地位、景点价值（历史价值、文物价值、旅游价值、欣赏价值）以及名人评论等文化内涵巧妙地融入进去，切忌走马观花。按旅游线路创作导游词，可按开头语（概括地理位置、历史背景、景点地位、名人评论）、游览线路上的具体景观介绍（突出景观特色、功能和价值）、结束语的思路进行设计和创作。

2. 按主题进行创作

主题是导游词创作的核心，选手参加技能大赛中的"现场导游词创作"项抽取的中国旅游文化元素及团型相当于明确了主题，"自选景点导游词讲解"项中的导游词创作绝大部分也要突出主题创作。近几年的全国职业院校导游服务赛项中呈现出来的导游词可以体现这一创作思路。主题的选定非常关键，一定要突出人文景观的特色，如果是文物，则以文物的历史价值为主题，历史价值可从文物的保存时间、功能、造型、质地、色彩等方面入手；如果是古代建筑，就可以呈现古代建筑的高超技艺及其文化内涵；如果是伟人故居之类的革命圣地，就可以弘扬革命精神为主题等。主题型人文景观导游词务必要有条理性，切忌什么都想讲，

却什么都没讲清楚。

（三）导游词的写作要求

导游词写作是导游必修的课题。导游词有别于其他文本，只有在掌握丰富的资料的基础上，经过科学系统地加工整理，并在实践中不断修改、丰富和完善，才能形成具有自己特色的讲解词。它体现的是导游的知识水平和文字表达能力，其优劣直接关系到导游讲解效果的好坏。优秀的导游词除要求结构严谨、层次清晰、主次分明、文字流畅等外，还必须注重以下六个方面。

1. 强调知识性

一篇优秀的导游词必须有丰富的内容，融进各种知识并旁征博引、融会贯通。这样的导游词才能吸引游客的注意力，满足他们的求知欲，也才能让导游受到游客的尊重。

2. 讲究口语化

导游语言是一种具有丰富表达力、生动形象的口头语言，这就要求导游在导游词的口语化方面下功夫。为使导游词口语化，就要多用口语词汇，当然也要有浅显易懂的书面语词汇，但要避免难懂的书面语词汇和音节拗口的词汇；多用短句，不用长句，以便说起来利索、顺口，听起来轻松、易懂。如《蓬莱仙洞解说词》："是仙人送子，你看她左手抱一个，背上一个，前面跪一个，身后还跟着一大群，哭哭啼啼，一片凄惨景象，真是儿多母苦啊！"有位游客看了说："还是计划生育好哇！"游客们开怀大笑，这一段话全用口语词，短句子，显得生动活泼，便于讲解，听起来效果很好。又如："更以巨幅立体的山水壁画，洁白透明的罗纱帐，晶莹奇特的石花和玻璃管状的天丝等'四绝'著称。"这样一个长句子，又用了许多书面语词汇，念起来拗口，听起来也不轻松。

3. 突出趣味性

导游词应该生动形象、通俗易懂，并能够多方位调动游客的注意力，激发游客的兴趣。怎样才能吸引游客，激发他们的兴趣呢？这就要求导游在导游词的趣味性方面做文章。

（1）编织故事情节。讲解一个景点，不能只用干巴巴的几个枯燥的数字介绍眼前的实体，而是要不失时机地穿插趣味性的传说和民间故事，以激起游客的兴趣和好奇心。

（2）恰当地运用修辞手法。导游词中，恰当地运用比喻、比拟、夸张、象征等手法可使静止的化为活动的，使无生命的变成有生命的，使抽象的变成具体的，可使景观变成活生生的画面，从而产生浓厚的趣味性。如："有人说三峡像一幅展不尽的山水画卷，也有人说，三峡是一条丰富多彩的文化艺术长廊。我们说，三峡倒更像一部辉煌的交响乐。"这一段导游词中用三个生动的比喻揭示出长江三峡内在的美。

（3）幽默地述说。幽默风趣是导游词的艺术性的重要体现，它可使导游词锦上添花，可使游客欢笑，轻松愉快，使气氛活跃，增强乐趣。例如：

① "明天你们就要回家了，在离别之前，我将带各位去上海外滩拍个纪念照和上海亲吻一下，不知各位意下如何？"

② "我们的海南岛对客人历来就十分热情，即使现在是冬季，也可以热得大家汗流浃背，穿不住西装外套……"

例①用"亲吻"一词将上海人格化了，把这种人与人之间的亲密行为用在这里有了几分幽默。例②用人的"热"情和天气的炎"热"形成交叉，形成了幽默意境。

（4）随机应变。导游在讲解时要随机应变，临场发挥，要灵活运用多种讲解手法，如问答法、引人入胜法、触景生情法、创造悬念法等。这样的讲解就会生动自然，趣味浓郁。

4. 重点突出

每一个景点都有代表性的景观，每个景观又都有反映其特色的内容，导游词必须在照顾全面的情况下突出重点、面面俱到。没有重点的讲解词是一篇不成功的讲解词。例如，讲解孔庙，应主要介绍以孔庙正门为中轴线上的建筑以及由此而折射出的孔子的思想。

5. 要有针对性

在实地导游讲解时，导游必须从实际出发，因人、因时而异，有的放矢，即根据不同的听众当时的情绪以及周围的环境进行导游讲解，切忌百病一言，避免不管听众千差万别，导游词只有一个的现象。编写导游词，一般都应有假设对象，如某一层次、某一职业的游客以及某种特定的背景，导游员应该根据特定背景写出一篇有针对性的导游词。

6. 重视品位

编写导游词，必须注意提高品位。

一要强调思想品位。导游讲解是向国内外游客介绍壮丽的中国大地、勤劳的中国人民及其伟大创造；宣传古老中华文明和各地民族风情；还要宣传社会主义革命和建设的伟大成就，以帮助外国游客更多地了解中国，帮助国内游客更好地认识祖国和人民。因此，弘扬爱国主义精神是导游义不容辞的责任。

二是讲究文学品位。导游词的语言应该规范，文字流畅，结构严谨，内容介绍符合逻辑。这是对一篇讲解词的基本要求。如果在讲解词的关键地方适当地引经据典，得体地运用一两句诗词或名人的名言，就会使导游词的文学品位提高不少。但是，若故弄玄虚，过多地引经据典，满篇的诗词名句，信口开河，将导游词搞得高深莫测，则会适得其反。

> 【知识链接】

洛阳唐三彩（商务团）

各位朋友，大家好，欢迎来到洛阳参观了解唐三彩！唐三彩，顾名思义，是唐代低温彩釉陶器的总称，就是在同一器物上，黄、绿、白或黄、绿、蓝、褐、黑等基本釉色同时交错使用，形成绚丽多彩的艺术效果。其中，"三彩"是多彩的意思，并不专指三种颜色。因唐三彩最早、最多出土于洛阳，故有"洛阳唐三彩"之称。下面我主要为大家介绍唐三彩的功能、分类和特色。唐三彩的功能主要是用作陪葬用器，有俑像类和生活器皿类。其中，俑像类主要有人物俑和动物俑。人物俑题材广泛，主要有妇女俑、文吏俑、武士俑、天王俑、镇墓兽等。这些俑神形兼备，以题材刻画出不同的性格和特征。贵妇则面部胖圆，肌肉丰满，梳各式发髻，着彩缋服装。文官则彬彬有礼，武士则勇猛英俊，胡俑则高鼻深目，天王则怒目凶狠。制作这些人物俑时，为了增强人物形象的质感，采取了"开相"工艺，就是对人物的头部多不施釉，仅涂以白粉；在唇和面颊上，添加朱红；对眼眸、眉睫、胡须、巾帽或花细等，用墨或彩色来描画，以增强写实效果。唐三彩的特色不仅表现在雕塑艺术上，更突出色彩绚丽灿烂，在釉彩上使用了我国独有的工艺。烧制过程中，制陶艺人利用铅釉流动性强、烧制时往下流淌的特点，把施釉技巧和装饰手法互相结合，造成色泽典雅富丽的艺术效果。唐三彩吸取了中国国画、雕塑等工艺美术的特点，是一种具有中国独特风格的传统工艺品，其不朽的艺术价值是凝聚了古代中国劳动人民智慧和艺术的结晶。我的讲解就到这里，接下来请大家慢慢欣赏，谢谢大家！

敦煌莫高窟（写生团）

各位团友，大家好！坐落在河西走廊西端的敦煌莫高窟，俗称千佛洞，始建于中国古代十六国的前秦时期，历经十六国、北朝、隋、唐、五代、西夏、元等历代的兴建，形成了巨大的规模，有洞窟735个，壁画45万平方米、泥质彩塑2 415尊，距今2 000余年，是世界上现存规模最大、内容最丰富的佛教艺术胜地。1987年，莫高窟被评为世界文化遗产。今天我为大家讲解的是莫高窟的价值。

首先是它的历史价值。敦煌石窟有成千上万个供养人画像，其中有一千多条还保存着题名结衔，能够了解许多历史状况和历史线索。敦煌石窟的彩塑和壁画大都是佛教内容，可帮助我们了解河西走廊的佛教思想、宗派、信仰、传播，佛教与中国传统文化的融合，佛教中国化的过程等。另外，里面的资料还可帮助我们了解古代经济、军事生活的状况。

其次是它的艺术价值。在敦煌石窟营建的一千年历程中，时值中国历史上由两汉以后长期分裂割据，走向民族融合、南北统一，臻于大唐之鼎盛，又由巅峰而式微的重要发展时期。在此期间，正是中国艺术的程序、流派、门类、理论的形成与发展时期，也是佛教美术艺术成为中国美术艺术的重要门类，最终完成了中国画的时期。敦煌石窟壁画中的人物画、山水画、动物画、装饰图案画都有千年历史，自成体系，数量众多。敦煌壁画中有音乐题材的洞窟达200多个。敦煌石窟大多数洞窟的壁画中几乎都有舞蹈形象，还有十分丰富的建筑史资料。

最后是它的科技价值。敦煌作为中西方交通的枢纽，在壁画上不仅留下了商旅交往的活动情景，还留下了宝贵的交通工具形象资料，特别是保存了中国为世界交通工具做出独有贡献的独轮车、马套挽具（胸戴挽具和肩套挽具）人、马镫、马蹄钉掌等珍贵的图像数据。

请大家继续参观。谢谢！

【课后思考】

1. 熟悉全国职业院校技能大赛导游服务赛项规程。
2. 会即时创作2分钟内的中国著名旅游文化元素导游词。

任务三　欢迎词、欢送词创作

一、欢迎词

欢迎词是游客对导游员产生"第一印象"的重要组成部分，是沟通感情、取得信任的第一步，也是展现一个导游知识素养、语言能力、风度气质、服务态度等总体水平的关键一步。欢迎词好比一场戏的序幕，一篇乐章的序曲，一次演讲的开场白，导游应当给予足够的重视。

（一）欢迎词的开头方式介绍

从导游本身来说，开头是迎接游客的第一次亮相，良好的开头是成功的一半。有经验的导游都十分重视开头工作，千方百计地精心设计开场白，根据不同的游客对象，巧妙运用各种导游技巧，营造良好的旅游团队氛围。至于怎样做好开场白，没有一个固定模式，就好比一篇文章允许有多种开头方式。以下提供一些常用的欢迎词开头方式以供参考。

1. 带有介绍性质的开头方式

这是一种常用的开头方法，特点是较为全面地介绍各方面的情况，使游客较快地了解情况。通常是这样开头的："各位来宾，大家好！首先请允许我代表××

旅行社向各位前来××参观游览表示热烈的欢迎,并预祝各位有一个愉快的旅程。"这种介绍性质的开头方式,总体上较为普通,什么团队都可用,同时也适合于散客组成的团队。

2. 针对性较强的开头方式

目前,专业人士组成的旅游团越来越多,同样国内许多旅游团也有同工种、同爱好、同门类的旅游团。对待这样的旅游团,可以根据旅游团的特点来设计欢迎词的开场白。例如,接待医学界的专业人士组成的旅游团,可以这样开头:"每当我回忆起那病中的时光,白衣战士就会引起我深情的遐想。他们那人格的魅力、心灵的美,还有那圣洁的光,给我以顽强生活的信心,增添了我前进的力量。"导游的开场白是如此认真,如此有激情,仿佛一块巨大的磁铁把在座所有人吸引了过去。

3. 采用朗诵的开头方式

这种方式主要通过导游简短的朗诵作为开头,创造出一种迎合游客慕名前来旅游,又特别想尽快欣赏到美的迫切心情。采用朗诵的开头方式,句子要求精美,朗诵时要有表情,时间不宜过长,朗诵结束后要立刻转入"自我介绍"等一系列规范性工作,因此,朗诵词只能作为引入主题的序曲。例如,可以这样开头:"真山真水到处是,花溪布局更天然,十里河滩明如镜,几步花圃几农田。""各位来宾,大家好,我借用陈毅将军的这首《花溪杂咏》欢迎大家来到贵阳花溪。我是小罗,这位是我的伙伴王师傅,他是一位有着丰富驾驶经验的老司机。我们会竭诚为大家提供服务,带领大家一起去享受贵阳花溪的美景。"

4. 采用猜谜的开头方式

一些导游试图一接到游客就有一个良好的开端,猜谜就是一个好方法。例如,一个合肥的导游采用这样的开头:"女士们,先生们,在我开始讲解之前,先让大家猜个谜,谁猜中谁得奖。"说完拿出一个旅游纪念品,并继续道:"请听好,两个胖子结婚——打一地方名。""合肥!"游客异口同声地喊了起来,开场白取得了较好的效果。

采用猜谜的开头方式必须要注意几点:一要看游客的情绪,如果团队气氛不佳或游客很累没兴趣,则暂时不用为好;二是猜谜的内容要紧扣旅游景点;三是谜底不要太难,以免影响游客的参与热情。

5. 采用小故事的开头方式

一般来说,故事能吸引人的注意力,能激发人的情感,能使人潜移默化地受到启发和激励。导游利用故事作为开头,增加了游客游兴,也达到了艺术的效果。

总之,开场的方法还有许多种,如开门见山、单刀直入、穿针引线、即景生情等,真可谓"八仙过海,各显神通"。然而,各种开头方法,原则上要求短小精悍、风趣有益、随机应变，从而使"开头"更有风采。

（二）欢迎词的基本内容

导游致欢迎词，最核心的问题是口头语言内容的组织和表述方式的选择。欢迎词的内容应根据旅游团的性质及其成员的文化水平、职业、年龄及居住地区等情况不同而有所不同，但一般应该包括以下五项内容。

1. 问候游客

首先是选择适当的称谓。一般的旅游团可称团友，有的称先生、女士等，具体由游客的组成情况而定。其次是问候。问候语的选择应合乎礼节，但并非越庄重越好，应该让游客感到既受到尊重，又轻松活泼，风趣诙谐的问候能增进彼此间的友谊。例如，各位尊贵的客人，扎西德勒！扎西德勒是藏族同胞的祝福语，它的意思是吉祥如意。希望各位远方来的朋友在这里玩得好、吃得好、睡得好！

2. 表示欢迎

代表组团社或接待社、导游自己和司机对游客的到来表示热烈的欢迎。必要时增加一两句中国好客的谚语和格言，如"有缘千里来相会""有朋自远方来，不亦乐乎"等。

3. 人员介绍

人员介绍主要包括导游自我介绍与介绍司机两部分。

（1）自我介绍。

自我介绍的目的是让游客记住导游的名字，要告诉游客怎样称呼导游员。自我介绍应把握的基本原则：① 热诚待客，体现真情；② 审时度势，繁简适度；③ 把握分寸，赢得信任；④ 适当幽默，缩短距离。

另外，还有一种自我介绍方式是赠送名片。

在导游活动中，对领队、全陪或游客均可使用。递送名片时应该用双手，并附带说"认识您很高兴""请多关照"等话语。

（2）介绍司机。

介绍司机时，除介绍司机的姓名外，还要突出司机的驾驶技术，让游客感到安全。例如："我是大家的导游，我姓罗，大家可以叫我小罗，也可以叫我罗导。我也一定会做一位好导游。旁边正在开车的师傅姓鑫，三个金的鑫，鑫师傅有着多年的驾龄，是公交系统的优秀驾驶员，由他开车大家可以完全放心。"

（3）表示态度。

导游应该表示愿尽心尽力地为游客服务的态度，尽量满足游客提出的合理而可能的要求。需要注意的是，导游的态度要真诚，语气要诚恳，不能讲空话套话，说话要留有余地。例如："……在未来几天的时间里，我将为朋友们提供竭诚的优质导游服务。如果某些游客有其他需要协助的地方，我会在我能力范围内尽量替大家实现。"

(4) 预祝成功。

祝愿游客旅游活动顺利，并希望得到游客的合作和谅解。例如："……请各位游客朋友在未来的几天内能够主动支持和配合我们的工作，相信，有了朋友们的合作，我们的旅程会是一个轻松愉快的旅程！"

以上几点是导游在致欢迎词时的基本要求。在实际导游服务中，欢迎词的内容还要根据所接待游客的国籍、团体组成、时间、地点、成员身份等的不同而有所区别，切不可千篇一律，死背书面的导游词。因为成功的欢迎词往往是具有个性的。

二、欢送词

旅游活动结束，导游致欢送词，也是导游工作必不可少的环节之一。导游致欢送词时应富有感情，加深与游客之间的感情，给游客留下永久的怀念、美好的记忆。规范的欢送词一般包括五大要素，可以概括为 20 个字："表示惜别，感谢合作，小结旅游，征求意见，期盼重逢。"

（一）表示惜别

如果说当导游致欢迎词时，与游客还有些生疏，到致欢送词时，导游和游客应该已经成为朋友了，所以致欢送词时导游应该富含感情，可引用一些名言、诗句或歌曲以表达对游客的惜别之情。

例如：各位朋友，在过去的几天中，我们大家已经是朋友了。在这最后相聚的时间里，我唱一首《友谊地久天长》送给大家，祝大家一路平安……

例如：各位朋友，大家好！愉快的旅行就要结束了，虽然我们的友情刚刚开始，但分别却在眼前，我想用一首小诗来结束我们的这次旅行，诗的名字是《握别》：

惧怕这离别的忧伤，我迟迟不敢伸手。

惧怕这别离的惆怅，我久久不肯抽手。

但愿这深情的一握，天长地久。

但愿这醉心的一握，情韵悠悠。

（二）感谢合作

在欢送游客时，要称颂本次旅行是成功的、有趣的、值得怀念的。成功的旅游活动是游客与导游双方精诚合作的结果，导游应对游客给予自己工作的支持与合作表示谢意。

例如：在这次旅游过程中，我们一起度过了许多美好的时光，尤其感谢大家对我工作的大力配合与支持。也许我还有某些地方做得不到位，也希望大家能够多多理解和包涵，谢谢大家！

例如：在大家即将踏上归途之前，我要感谢大家，正是由于大家的宽容和随和，才使我们的旅途充满了欢欣，也使我的工作变得非常轻松。我要感谢我们的领队先生和全陪小姐，正是由于他们的配合和协助，我们的行程才如此圆满和顺利；我要感谢我的同事司机师傅，正是由于他的安全准时，我们的时间和游览项目才得以保障。

（三）小结旅游

导游在游程即将结束的时候，应该对此次游览活动做一次小结，进一步加深游客的印象。游客对旅游目的地的旅游资源印象越深，游客成为回头客和旅游目的地的义务宣传员的可能性就越大。

例如：各位游客，在过去的五天中我们在贵州一起度过了愉快的时光，我们共同登上了有梵天净土之称的梵净山，感受了浓郁的苗族风情，趟过了老一辈革命先烈走过的红军路，领略了被誉为"地球上美丽伤痕"的马岭河大峡谷的风采。

例如：石林游览完了。石林是老区，是山区，是民族地区，是风景名胜区，有看不完的美景流不尽的河，有说不完的故事唱不尽的歌。火塘边的故事流传了千百年，阿诗玛的故事流传了千百年，是民间故事中家喻户晓、最有名的故事。美丽的阿诗玛像美伊花，白云追逐她的歌声；春风羡慕她的舞姿，最爱她的是勇敢善良的猎人、摔跤英雄阿黑哥。阿诗玛是石林文化的中心，是撒尼人心中的女神。每天都有成千上万的人来拜望圣洁美丽的阿诗玛。人们都说，阿诗玛让小孩健康成长，让老人安康长寿，让青年人事业有成，让相爱的人永结同心，请大家接受阿诗玛美好的祝愿，让我们的明天更幸福，生活更甜美。

（四）征求意见

我国的旅游业还不太成熟，特别是有些地区的旅游业才刚起步，而旅游活动涉及的部门、人员很多，在导游工作中难免有不尽如人意之处，导游员可借机会向游客表示歉意，让游客把不满留下，把美好的记忆带走。征求意见、欢迎批评往往会给游客留下非常好的印象，以表示我们的诚意和信心。游客的批评意见对旅游业的发展也极为有利。如果事先准备有导游服务意见调查表需要填写的，则可在此时请游客填写，并再次向他们表示感谢。

例如：离别总是来得这么快，虽然舍不得大家，但是"天下无不散之宴席"，我衷心地希望大家把在贵州的美好回忆带回去，同时也请您把宝贵的建议留下来，以便我们不断地提高自己的业务能力，为更多像你们一样可亲可敬的游客朋友们竭诚服务。这是我所在的旅行社统一印制的"游客意见调查表"，请各位朋友在上面写下您的建议和意见，谢谢！

（五）期盼重逢

在欢送词中，导游应向游客表达出期待重逢的愿望。旅程即将结束，但友谊长存，相遇、相识是种缘分。导游应表达愿意下次再成为游客的导游，带领他们去游览新的景区景点；同时若有机会，可能在他们的家乡再相逢。在用语选择上，要表示"再见"而不是"告辞"。最后还要送上真诚的祝福，祝愿游客平安、健康、幸福。

例如："江南忆，最忆是杭州：山寺月中寻桂子，郡亭枕上看潮头。何日更重游？"这是白居易为颂扬西湖给人留下来的回味无穷的千古绝唱。各位朋友，当我们即将结束西湖之行时，是否也有同感？但愿后会有期，我们再次相聚，满觉陇里赏桂子，钱塘江上看潮头，让西湖的山山水水永远留住您美好的回忆。

例如：愉快的旅行就要结束了，但我们的友情却刚刚开始，我期待着各位的再次来访，我将等待同大家一起去领略春的娇嫩和生动，夏的海风和浓荫，秋的收获和深沉，以及冬的冰雪和情趣。浪漫的旅行会让我们重叙前缘。

【知识链接】

导游欢迎词中的经典语句：

1. 五心服务：热心、真心、诚心、细心、耐心。
2. 六千万：千万要注意安全；千万要保管好自己的随身物品；千万要记得集合时间；千万要记得集合地点；千万要集体行动不要单独行动；千万要记得以上五千万。

【课后思考】

1. 创作一份属于自己独一无二的欢迎词。
2. 梳理总结欢送词的内容。

项目三　沿途讲解

【导言】

沿途讲解是导游讲解工作的重要组成部分，一般在行车途中进行。导游必须做好沿途讲解服务，以满足游客的好奇心理和求知欲。沿途讲解是显示导游知识、导游技能和工作能力的好机会，精彩成功的沿途导游会使游客产生信任感和满足感，从而在他们的心中树立起游客良好的第一印象。

【学习目标】

学习本项目后，了解当地概况、沿途风光、介绍酒店及核定日程、车上导游四个方面导游讲解的语言要求和方法；掌握沿途讲解导游词创作的基本方法；能熟悉国内地域概况；能够解决讲解过程中的常见问题；培养学生独立思考和观察的能力，培养学生对家乡、对行业的热爱之情。

【学习重点】

1. 沿途讲解（地域）的相关知识。
2. 沿途讲解导游词创作技巧。

【学习难点】

1. 沿途讲解的导游讲解技巧。
2. 沿途讲解导游词创作。

【案例导入】

贵州省概况导游词

我们把贵州拆开来看呢，就是"中、一、贝、州"了，解释为中国的一个宝贝州。而今天大家就站在了神州大地的这片土地上。贵州的东部是湖南省，西部是云南省，南临广西，北临重庆市和四川省。对于贵州有一个说法是"八山，一水，一分田"，也就是说把贵州看成一个整体的话，那么它的百分之八十都是山了，但是我们的这个山却不是一般的山，它有一个很专业的名字叫喀斯特山。（可溶性岩经受水流溶蚀、侵蚀以及岩体重力崩落、坍陷等作用过程，形成于地表、地下各种侵蚀和堆积物体形态的总称。喀斯特地貌是具有溶蚀力的水对可溶性岩石进行溶蚀等作用所形成的地表和地下形态的总称，又称岩溶地貌。除溶蚀作用外，还包括流水的冲蚀、潜蚀，以及坍陷等机械侵蚀过程。喀斯特一词源自前南斯拉夫西北部伊斯特拉半岛碳酸盐岩高原的名称，意为岩石裸露的地方，"喀斯特地貌"因近代喀斯特研究发轫于该地而得名。）这些喀斯特山表层土壤很薄，所以在贵州不会看到大片高大的乔木阔叶林，我们的原始森林大多都是灌丛和萌生矮林，但是就是这样的低矮灌木丛中却生长了众多的药材之宝。还有就是优质的茶叶。最适合茶叶生长的环境可用四个字来形容：两高两低。这两高是高海拔高湿度，两低是低日照低纬度。而贵州是就位于北纬 24 度到 29 度之间的高原地区，年日照最多也就 1 800 个小时。贵州距离南海较近，处于冷暖空气交锋地带，降雨量丰富空气湿度大，贵州的土壤多酸性和微酸性且含大量铁质和磷酸盐。这样得天独厚的生存条件有利于茶叶有机物的形成和茶叶的柔嫩芳香，全国十大名茶就有贵州的都匀毛尖茶。而产于贵州湄潭的湄潭翠芽曾经被报道说，江浙一带的茶商曾经在贵州收购大批量的湄潭翠芽用来加工成龙井茶。

给大家讲到的山，就是我们来到贵州所要做的事之一了，来到贵州你需要做的事是三看三了解：看山看水看溶洞，了解少数民族文化、了解我们的酒文化、了解红色文化。

水被说成是：百河、千江、万湖。降水丰富，沟壑纵横，河网密度大，在贵州省流域面积在 10 平方千米以上的河流就有 984 条，虽然没有像长江黄河那样的大河大江，但是河湖却不计其数。有句话说，一江春水向东流，贵州西部的雷公河的水却流向了我们的珠江流域和长江流域，所以这句话在贵州叫作"一江春水两头走"。天时造就了地利；丰富的水资源造就了贵州各式各样的水态水景，比如我们的亚洲第一的黄果树大瀑布、位于世界遗产地赤水的十丈洞瀑、地球上最美丽的疤痕马岭河大峡谷，南江大峡谷、乌江三峡、息烽温泉、剑河温泉等；优质的水源酿造了众多美酒，世界三大名酒之一的茅台酒就产于贵州。除此之外，还有我们的习酒、董酒、珍酒等。我们除了有好山和好水之外呢，还有好酒。所以来到贵州醉于美丽风景的同时怎么能不醉于美酒呢？

在贵州的洞穴中岩溶洞穴数量最多，规模最大，结构最复杂，景观最奇特，在中国乃至世界都是首屈一指的，全省具有旅游价值的溶洞就有 1 000 余个，全国已知的长度在 10 千米以上的大洞仅有 10 个，而贵州就占了 8 个。在贵州所有的洞穴景观中，织金洞最以其气势恢宏，景观奇特和具有极高的审美、观赏和科研价值而闻名，前国际洞穴协会主席评价织金洞为"世界一流名洞"。有句话说是：黄山归来不看岳，用在织金洞就是织金洞归来不看天下溶洞。当然，贵州两个 5A 国家级风景名胜区的龙宫虽不及织金洞的气势博大，却是另一种幻恍诡异、神话世界般的岩溶风光体验。这些名洞绝景是游客漫游在"地下世界"中增长知识，所有要想高品位的美学享受，贵州无疑是最理想的首选之地。

与自然环境相映衬,古朴淳厚、绚丽多彩的民族风情,多层面地呈现出原始文化色彩斑斓的神秘基因。云南是七彩云南,而贵州是多彩贵州!的确,贵州是个多民族的大家庭,3 900多万人口,世居的民族就有苗、侗、布衣、土家、仡佬、瑶、彝等17个。这些民族的建筑、服饰、饮食、婚俗、祭祀、节庆等方面无不发出异彩纷呈的人文文化光芒。少数民族"三里不同风,五里不同俗,大节三六九,小节是天天有"。各个少数民族的歌舞也独具特色。

民族原生态歌舞被列入非物质文化遗产的就有侗族大歌、木鼓舞、锦鸡舞、八音坐唱等。侗族有句话说"饭养身,歌养心",足以体现歌在侗族同胞心中的重要地位。侗族大歌就是侗歌中最具代表性的,它是一种多声部、无指挥、无伴奏、自然和声的民间合唱音乐。侗族大歌唱进了法国巴黎,唱进了维也纳音乐厅,还入选2010年上海世博会的开场表演,可以说侗族大歌是一个种族的声音,一种人类的文化,被誉为"清泉般闪光的音乐"。八音坐唱是布依族世代相传的民间说唱艺术,由8人持各种布依族乐器围圈轮递坐唱。新中国成立后,我们贵州兴义市布衣八音队多次应邀参加国内外演出,被誉为是"凡间绝响,天籁之音""声音的活化石""南盘江畔的艺术明珠"。由于少数民族大都分散在贵州的不同地方,游客们很少有机会同时欣赏这么多少数民族艺术瑰宝,所以贵州省博物馆从贵州各少数民族聚居地把这些原生态的非物质文化遗产挪到了省博物馆,向来自全国乃至世界各地的朋友宣传我们多彩的少数民族风情,让大家能够体验世界上绝无仅有的原生态歌舞。

其次要了解的就是我们的酒文化了。酒自古以来就浸润着整个人类社会,上至天子下至百姓,逢年过节,庆生奠死,迎亲送客,洗尘饯别等一概都离不开酒。

贵州是国酒之乡,民间酒文化内涵极为丰富,敬神祭祀有礼制,长幼尊卑有法度,东南西北有法度,上下左右有禁忌。贵州的酿酒起于何时?据现有资料,可早知在两千一百年前的战国时代,贵州的青山绿水间就无不飘香美酒,当时在贵州一带就生产了一种枸酱酒。《遵义府志》中记载:枸酱,酒之始也。贵州的名酒,不论是质量、数量,还是风格和特色,在国内外都名列前茅。贵州的名酒中最引人注目的是仁怀的"茅台烧""茅台春",它经过几个世纪的酝酿,逐步发展成为誉满五洲的"茅台酒"。茅台酒独产于中国的贵州省遵义仁怀镇,是与苏格兰威士忌、法国科涅克白兰地齐名的三大蒸馏名酒之一,是大曲酱香型白酒的鼻祖。

据史书记载,公元前135年,汉武帝令唐蒙出使南越,唐蒙饮到南越国,今茅台镇所在的仁怀一带所产的枸酱酒后,将此酒带回长安,受到汉武帝的称赞,并留了"唐蒙饮枸酱而使夜郎"的传说。据清代《旧遵义府志》所载,道光年间,"茅台烧房不下二十家,所费山粮不下二万石"。1843年,清代诗人郑珍咏赞茅台"酒冠黔人国"。1949年前,茅台酒生产凋敝,仅有三家酒坊,即华姓出资开办的"成义酒坊",称之"华茅";王姓出资建立的"荣和酒房",称之"王茅";赖姓出资办的"恒兴酒坊",称"赖茅"。"华茅"就是如今的茅台酒的前身。

茅台酒，被尊为"国酒"。它具有色清透明、醇香馥郁、入口柔绵、清冽甘爽、回香持久的特点。人们把茅台酒独有的香味称为"茅香"，是我国酱香型风格最完美的典型。

1915年，茅台酒荣获巴拿马万国博览会金奖，享誉全球；先后14次荣获国际金奖，蝉联历届国家名酒评比金奖，畅销世界各地。从此贵州茅台酒闻名中外，誉满全球。在中国第一、二、三、四全国评酒会上被评为国家名酒。

1949年的开国大典，周恩来确定茅台酒为开国大典国宴用酒。从此每年国庆招待会，均指定用茅台酒。在日内瓦和谈、中美建交、中日建交等历史性事件中，茅台酒都成为融化历史坚冰的特殊媒介。党和国家领导人无数次将茅台酒当作国礼，赠送给外国领导人。

茅台酒以优质高粱为原料，用小麦制成高温曲，而用曲量多于原料。用曲多，发酵期长，多次发酵，多次取酒等独特工艺，是茅台酒风格独特、品质优异的重要原因。酿制茅台酒要经过两次加生沙（生粮）、八次发酵、九次蒸馏，生产周期长达八九个月，再贮存三年以上，勾兑调配，然后再贮存一年，使酒质更加和谐醇香，绵软柔和，方准装瓶出厂，全部生产过程近五年之久。

2003年茅台酒的年产量突破一万吨，实现了毛泽东主席、周恩来总理年产万吨的心愿。茅台公司已开发了80年、50年、30年和15年茅台，以及53度、43度、38度、33度系列茅台等，推出了茅台王子酒、茅台迎宾酒等中高价位的酱香型酒。最新推出的神舟酒，以及为中国军队特制的名将酒，形成了多品种、全方位的发展格局。

最后还要了解的就是我们的红色文化了。贵州是个具有光荣革命传统的地方，第二次国内革命战争时期，中国工农红军曾先后五次进入贵州，足迹遍及全省67个县市的山山水水，红军在贵州进行艰苦卓绝的斗争，创造的光辉业绩，给人们留下了大量的革命文物和遗址、遗迹，其中最为著名的就有黔北的遵义会议会址、娄山关、四渡赤水的各个渡口、乌江天险等，它们不断地教育和鼓励人们在新的长征路上奋勇前进。

世界旅游组织秘书长弗朗西斯科·弗朗加利先生在实地考察后称贵州是："文化之州、生态之州、歌舞之州、美酒之州。"

（资料来源于视频号：我们的文化旅游院）

思考：贵州省概况导游词分别是从哪些方面来讲解贵州的？使用了哪些讲解技巧？

任务一　当地概况讲解

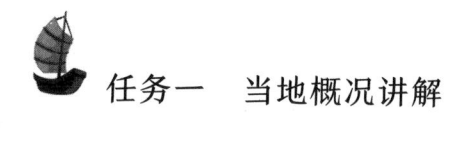

【知识链接】

城市印象·济南

《济南济南》

我抬眼是千佛山的轮廓
我闭眼是大明湖和护城河
趵突泉在我耳畔喷涌着
可我却不清楚
济南
到底是啥样的
它究竟是啥样的

城市印象·西安

《西安人的歌》

西安人的城墙下是西安人的火车
西安人不管到哪都不能不吃泡馍
西安大厦高楼是连的一座一座
在西安人的心中这是西安人的歌
600年的城墙如今让你随便触摸
西安的小吃足够让你变成吃货
在你的脚下曾经埋着王孙显赫
和平门下马陵是最低调的一个
西安的女娃喜欢有话撒都直说
就像这城门儿娄子四四方方的洒脱

一、当地概况讲解概述

当地概况是沿途讲解最开始介绍也是必须要介绍的部分，俗话说一方水土养一方人，旅游者对于旅游目的地的风土人情特别感兴趣，想要知道这里的人们是怎样生活的。导游应介绍本地的概况、气候条件、人口、行政区划分、社会生活、文化传统、土特产品、历史沿革等，并在适当的时间向旅游者分发导游图。同时，还可以适时介绍本地的市容市貌。市容市貌讲解主要是结合旅游地的市容特色、历史沿革、文化经济来讲的。主要的讲解内容是介绍市容特色，比如标志性的建筑物，如大型商场、高星级酒店、本地著名大学、具有纪念性意义的广场等。另外，还可以介绍沿途经过的旅游景点，如公园、博物馆、历史纪念馆等。其他，如当地的特色商户、道路两旁具有一定观赏价值的花草树木等。市容特色讲解一般多以旅游车为交通工具，导游根据旅游车的行进路线介绍旅游地的市容市貌，使游客对旅游目的地城市建设情况有一定的了解。

二、当地概况讲解概述范例

以贵阳市的概况为例，介绍贵阳当地概况。

各位游客朋友：大家好，现在我们所在的地方就是被誉为"爽爽的贵阳，避暑的天堂"。

贵阳是贵州省省会，有"林城"的美誉，是贵州省的政治、经济、文化、科教、交通中心和西南地区重要的交通、通信枢纽、工业基地及商贸旅游服务中心，西南地区中心城市之一、全国生态休闲度假旅游城市、全国综合性铁路枢纽。贵阳位于贵州省中部，东南与黔南布依族苗族自治州瓮安、龙里、惠水、长顺4县接壤，西靠安顺市平坝区和毕节市织金县，北邻毕节市黔西、金沙2县和遵义市播州区。

中国古语说："山北为阴，山南为阳。"因城区位于境内贵山之南而得"贵阳"之名，同时，古代贵阳盛产竹子，故贵阳简称"筑"。它地处山地丘陵之间，故还有"山国之都"的雅誉，市内自然景观、文化古迹、民族风情星罗棋布，因此又有"公园省"的"盆景市"的美称。

贵阳是中国的又一春城，气候温和湿润，热量丰富，雨量充沛，四季宜人，春夏秋三季都是旅游的黄金季节。这里，冬无严寒，夏无酷暑。最热是七月下旬，常年平均气温是24摄氏度。最冷是一月上旬，常年平均气温达4.6摄氏度。全年平均气温是15.3摄氏度。空气不干燥，四季无风沙。人们广为称赞："上有天堂，下有苏杭，气候最佳数贵阳。"

在这里，喀斯特地貌非常奇特，地形多样。地上，奇峰翠谷，山环水绕；地下，溶洞群落，别有洞天。名山、秀水、幽林、奇洞、古寺浑然一体，相映生辉，形成了雄奇秀丽、独具特色的高原自然景观。其中，有1个国家级风景名胜区（清镇红枫湖），4个省级风景名胜区（花溪、百花湖、修文阳明风景名胜区、息烽风景名胜区）。

在贵阳众多的文物古迹中，有1个全国重点文物保护单位息烽集中营；有全国唯一的一幢木结构三层三檐不等边的九角攒尖顶阁楼、建于明万历三十八年（1610年）的文昌阁；有作为目前贵阳市标志、建于明万历二十六年（1598年）

的甲秀楼；有贵州佛教第一大丛林、建于清康熙十一年（1672年）的弘福寺，有纪念明朝著名哲学家和教育家王阳明而修建于清乾隆五十九年（1794年）的阳明祠等。

贵阳是一个以汉族为主的多民族聚居的城市，悠久的历史孕育了这块土地上多民族璀璨的民族文化，形成了浓郁的民族风俗，有少数民族青年男女通过饱含深情的歌舞，寻找意中人的"四月八""三月三""六月六""跳场"等节会；有被称为中国戏剧雏形和"活化石"的傩戏、地戏，追述着中华文化的源远流长，记录着中原文化和贵州民族文化的交融。

刺绣与挑花是贵阳民族传统工艺百花园中盛开的两朵奇花。蜡染制品则蕴含着民族文化的艺术魅力，它们与粗犷、古朴的傩面具等民族文化的精品一样，备受国内外友人的青睐。

贵阳的风味小吃，着实令人垂涎。仅地方传统的风味小吃就达100多种。无论白天黑夜，贵阳街头巷尾的小吃摊点星罗棋布，一些饭店、酒店将有特色的部分小吃列入宴席中，还有专门的小吃筵可供品尝。贵阳最有名的风味小吃有肠旺面、恋爱豆腐果、雷家豆腐圆子、糕粑稀饭、"丝娃娃"、荷叶糍粑、吴家汤圆、毕节汤圆等。

另外，本地概况除了省会概况外，对于沿途经过的城市以及旅游目的地所在的城市都要进行介绍。所以需要我们对本地有较深刻的认识，具备丰富的人文地理知识，能够对本地区的风俗民情、经济文化等信手拈来，以增加游客对导游的信任度。

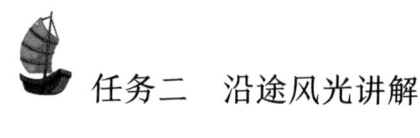

任务二　沿途风光讲解

【知识链接】

我国幅员辽阔，特产众多，既有农副产品，也包括纺织品、工艺品等，它们来源于特定地区，具有优异的品质，承载着当地的民风民俗和舌尖上的文化。但在地方风物的宣传推广上，也有很大学问。如我们在去往西江千户苗寨的途中，"苗族银饰"就可以作为一个地方风物进行沿途讲解。因为其将时尚元素和少数民族文化复古元素相融合的特性，对游客具备吸引力。我们在讲解时，就可以将蚩尤与苗族的故事，枫树和蝴蝶的故事等具有苗族背景的故事对苗族银饰进行二次创作表现，挖掘它背后的文化要素，丰富讲解内容。

一、沿途风光讲解概述

在前往景点途中,导游应该向旅游者介绍本地的风土人情、自然景观等,并针对客人提出的疑问进行解答。地陪做沿途风光导游时,讲解的内容简明扼要,语言节奏明快、清晰;景物取舍得当,随机应变,见人说人,见物说物,与旅游者的观赏同步。总之,沿途导游贵在灵活,导游员要反应敏锐、掌握时机。

二、沿途风光讲解内容

沿途风光讲解服务的具体内容一般取决于两个方面:旅游者和沿途景物。即旅游者对什么感兴趣,沿途能看到什么。沿途主要有两个方面的内容。

(一)长途旅程

长途陆路旅行通常经过几个重要城市、城区,各城区的风景名胜、文化古迹和民族风情,不能下车游览,这时导游的沿途讲解服务就尤为重要了,通过导游精彩的沿途讲解可以满足游客的求知欲和好奇心。

(二)短途旅程

即便是几十分钟的短途旅行,导游也应做到见什么讲什么,哪怕是一花一树、整幢建筑物、一个街心花园、一个自由市场,都应加以简短介绍,使初来乍到的游客兴趣增加。游客就怕导游一言不发,因为有些时候哪怕是一件小事,游客也想知道。导游不要认为自己司空见惯了的平常事不值一谈,而是应该站在游客的角度思考问题,以满足游客的好奇心和求知欲为前提。

(三)其他讲解内容

沿途讲解服务的最高境界就是即兴演讲、随机应变,根据实际情况适时调整讲解内容和方法,取舍得当,做到随游客欣赏的欲望而转移,做到"车不停嘴就不停"。

导游不同于定点讲解员,其讲解内容要涉及这座城市很多方面的内容,看似简单的环节,在整个行程中地位举足轻重,不容忽视。一个好的导游,不要局限于掌握景区的讲解内容,最能显示出导游水平的环节恰恰是沿途讲解的能力。行程中沿途讲解的主要内容有:向游客重申当日活动安排,包括午、晚餐的时间、地点,向游客报告到达景点所需时间,并视情况介绍当日国内外重要新闻或当地重要新闻事件。此外,还要在前往景点的途中,向游客介绍本地的风土人情、自然景观,并回答游客提出的问题。

三、沿途风光讲解的原则

一般情况下，新导游对于沿途讲解这个环节很是头疼，要做到"见到什么讲什么"，而且还要做到关注游客的反应，说得不能过多也不能过少，既要做到满足游客的好奇心又不能给游客以啰唆的感觉。例如：当车经过市区的某条道路时，导游会针对沿街的某个节点进行讲解。原来准备的导游词可能是 5 分钟，可是在行进途中，2 分钟后又出现了第二个节点。于是，导游只能下意识地加快语速，但即使如此也不能完整地将该节点讲完。这样就会出现恶性循环，导致沿途的每个节点介绍得都不完整。对于这种情况我们就需要掌握沿途风光讲解的原则。

第一，同步性。在沿途讲解过程中，车辆是按照一定的速度行驶的，导游讲解时要注意同步性，不要等车辆已经通过了景点而导游仍然在讲解旧景点，以致游客的注意力会被新的景物所吸引。城市道路有明显的拥堵点，交通顺畅时的讲解内容和交通拥堵时的讲解内容的量要有所区别。导游要视时长合理调整讲解深浅度。

第二，情境性。旅游者除了想了解本地旅游知识和风土人情，还有获得陶冶情操的愿望，所以在沿途风光讲解过程中，导游要注意情景交融，以便让游客获得更多的精神体验。比如对于外地游客来讲，黄果树是必去的景点，但甲秀楼并不一定会在行程当中。在车辆经过市内景点甲秀楼的时候，我们可以为客人介绍甲秀楼的相关知识，尤其是甲秀楼对于西南地区的贵州文化教育等方面的重要作用，从而达到情景交融的境界。

第三，游客兴趣点。导游要选择游客感兴趣的内容讲解。游客到达一个城市，往往对这个城市的文化与风土人情有着浓厚的兴趣，往往希望更多地了解当地的生活，而观光景点往往是外地游客云集的地方，很难了解到当地城市的风土人情。在沿途，游客会被车外的景物所吸引，沿途人们的出行方式、餐饮、住房、热闹的街区都是游客感兴趣的景物，导游应有选择地向游客介绍。导游如果只按照自己的脚本讲解的话，就会扫游客的兴，这也就是沿途风光讲解的难点所在。此时，导游要注意观察游客，与游客互动，随时调整自己的讲解内容。如车辆经过贵阳著名的餐饮街时，游客对于贵阳小吃会有浓厚的兴趣，这时导游要及时介绍。

第四，话题选择。选择合适的话题进行沿途讲解。如果是在高速公路上，很多时候，窗外的景物没有什么明显变化，或者景物的重要性不足，这个时候就需要根据游客的特点，选择合适的专题进行介绍。此时导游更像一位主讲人，需要事先充分准备。比如，导游在安顺道路上看到了迎亲队伍，则可以选取贵州少数民族婚俗这一贴近生活的话题，也可以选取游客感兴趣的房价、工资等社会话题，这就需要平时多积累讲解技巧。选择合适的话题不仅能够提高讲解质量，更能增进游客与导游之间的相互了解和友谊。

【课后思考】

选择一个城市，创作一篇沿途讲解的导游词。

任务三　介绍酒店及核定日程

【知识链接】

我已经敲了门

导游小孙找旅游团团长商量行程变化的事，他在楼面服务台给团长打了个电话，团长请导游小孙到他的房间去谈。导游小孙来到团长的门前，非常有礼貌地在门上轻轻敲了两下。团长在屋里问是谁，导游小孙马上回答："团长，是我——导游小孙！"门很快就被打开了，导游小孙看到团长和蔼的面孔，一步就跨进了房间。

导游小孙万万没想到的是，团长夫人一见他进来就一脸不高兴，拿起手提包就进了洗手间，还"砰"的一声把洗手间的门重重地关上了。导游小孙回过头来看看团长，见团长也是一脸的不高兴。导游小孙感到非常尴尬，只好对团长说："我是不是换个时间再来和您商量？"团长说："好的，15分钟之后，我们在大厅的咖啡馆碰头。"

导游小孙走出团长的房间，心里纳闷：我已经打了电话给团长，是团长自己要我去他的房间的。在门口我也已敲了门，他也知道是我来了。为什么我一进房间，团长夫人就一脸的不高兴，团长也一脸的不高兴呢？是他们夫妇在吵架？不像。从服务台到团长的房间还不到半分钟的路，我一打完电话就过去了，团长开门的时候还是和颜悦色的嘛！这究竟是怎么回事呢？

分析：本案例讨论"私人空间的扩张"。导游小孙之所以惹得团长夫妇不高兴，是因为他不懂得"私人空间的扩张"。人的"私人空间"大约在离身体0.45米，除了亲人、好友和孩童，人们是不会轻易地让他人进入的。他人要进入某人的"私人空间"，必须征得他人的同意，强行进入会被视为一种侵犯。但是，在一定的条件下，这个"私人空间"会扩张。在旅游团内最常见的是客房。游客通过购买获得客房的使用权后，他的"私人空间"就扩张到客房使用权管辖的物理边界。导游小孙懂得"私人空间"的社会心理意义，不仅打了电话预约，而且进门之前还轻轻敲了门。但是，他忽略了团长的"私人空间"已经扩张到整个房间。导游小孙没有再次征得团长同意就走进了团长的房间。虽然导游小孙与团长夫人之间的距离仍保持在1米以上，但是他的贸然进入已被团长夫人视为对其"私人空间"的侵犯，这就是造成尴尬局面的原因。

一、入住酒店服务技巧

《导游服务规范》要求:"旅游团(者)抵达饭店时,导游员应及时办妥住店手续,热情引导旅游者进入房间和认找自己的大件交运行李,并进行客房巡视,处理旅游团(者)入住过程中可能出现的各种问题。"

(一)协助办理入住手续

车到达酒店后,导游应先引导游客下车,在游客视线范围内先游客到达大堂;游客进入酒店后,地陪应安排游客在大堂指定的位置休息。尽快向酒店前台讲明团队名称、订房单位,请领队或全陪收齐游客证件,与游客名单表一起交给酒店前台,尽快协助领队或全陪办理好住店登记手续。到总台办理入住手续,争取先把房卡拿到手(尽量减少游客等候时间)同时对房号进行记录,将房号记录也给全陪一份,之后将房卡交由全陪或领队进行分配。(因为他们更了解游客情况,地陪导游不要将房牌钥匙直接分给游客,防止分错而自找麻烦。)但地陪导游也不能不管不问,要配合全陪或领队分发房牌钥匙,然后站在电梯口引导游客上电梯并告知房间在几层。

拿陪同房牌钥匙交给陪同,安排其入住;也要将全陪房号通知游客,如有事情也可先向全陪反映。另外,不是将房牌分给游客入住就没事了,要求地陪导游在游客入住酒店以后不要立即离开酒店,等待游客查看房间情况,检查房间设施,若出现设施问题应积极协调酒店进行解决,避免出现类似房间设施问题,游客、全陪找不到导游的情况发生。对发生的住宿问题争取自行解决并安抚住游客,若解决不了,安抚不住游客要马上向公司汇报,由公司及时出面解决。在确认所有房间都没有问题后(包括陪同房)方可离开酒店,离开时需向全陪和领队道别。

如果地陪导游不在游客下榻的酒店留宿,在离开酒店前应将自己的电话号码告知全陪和领队,以便联系。若留宿酒店,应将自己的房号告知领队和全陪。

(二)介绍酒店设施

入住酒店后,地陪应向全团介绍酒店的主要设施,包括外币兑换处、中西餐厅、娱乐场所、商品部、电梯、公共卫生间等的位置以及在店内如何使用 Wi-Fi、网络连接,并讲清住店注意事项,提醒游客将贵重物品交前台保管(若客房内未设置保管箱),告知客房内收费项目(如小酒吧、长途电话)、酒店安全通道位置以及房间安全注意事项(如睡觉前关好门窗、不躺在床上吸烟等)。

安排好第二天的早餐,告知游客早餐的楼层、位置、用餐标准及时间。

(三)介绍周边环境

(1)介绍酒店的地理位置(艺术地突出所安排酒店在地理位置上的优越性),

同时介绍一下当地的交通情况。

（2）有几路公交车经过此处或当地出租车的价格。

（3）周围的情况（如小吃、商场）。

（4）晚上逛街的行走路线，并提醒游客晚上外出注意安全，并随身携带酒店名片或记下酒店的名字、地址、电话，避免游客晚归或找不到回来的路线。

（四）带领游客用好第一餐

游客进入房间之前，地陪要向游客介绍该团就餐厅的地点、时间、就餐形式。待全体团员到齐后，带领他们进入餐厅。向领座服务员问清本团的桌次后，再带领游客到指定的餐桌入座，告知游客用餐的有关规定，如哪些饮料包括在团费内，哪些不包括在团费内，若有超出规定的服务要求，费用由游客自理，以免产生误会。在用餐前，地陪还要核实餐厅是否根据该团用餐的特殊要求和饮食忌讳安排团餐。

（五）处理游客入住后有关问题

游客进门时可能遇到门锁打不开，游客进入房间后可能遇到浴室没有热水、房间不干净或有虫害、电话线或网络线不通等问题，地陪应及时与酒店联系，迅速解决，并向游客说明情况，表示歉意。

（六）照顾行李进房

确保游客带着自己的行李进入房间。配备行李车的旅游团，游客进房后，地陪要等到该团行李运抵酒店后与行李员、领队、全陪一起核对行李，然后交给酒店行李员，督促其尽快将行李送到游客的房间。若个别游客未拿到行李或拿到的行李有破损，地陪应尽快查明原因，采取相应的措施。

（七）确定叫醒时间

地陪在结束当天活动离开酒店之前，应与领队确定第二天的叫醒时间，并在介绍下榻酒店之后导游讲解服务中，一定要重点讲明下榻酒店随后的活动安排，以免游客进入房间后很难集合，造成被动的局面。宣布集合时间和地点：一般在首站沿途讲解中，要告诉游客集合时间和地点，以及旅游车的车牌号及上车地点，并提醒游客一定要有时间观念，为了整个行程的顺利进行，需要大家共同努力。沿途讲解服务中要说明接下来的活动安排，以便游客做好相应的准备。

（八）对接司机，告知集合和出发时间

通知司机第二天的出发时间，最好能让司机早点到，如提前半小时或安排司机过来吃早餐，防止因堵车司机晚起、坏车等意外造成"客人等车"的事故发生。

第二天导游应提前最少 1 小时联系司机是否能够准时到达，若发生意外也能给公司争取换车的宝贵时间。

二、核对商定日程

导游在旅游团开始参观游览之前，应与领队、全陪商定本地日程安排，并及时通知每一位游客。核对、商定日程是旅游团抵达后的一项重要工作，可视作两国（两地）间导游合作的开始。旅游团在一地的参观游览内容一般都已明确规定在旅游协议书上，而且在旅游团到达前，旅行社有关部门已经安排好该团在当地的活动日程。即便如此，地陪导游也必须进行核对、商定日程的工作。因为游客有权审核活动计划，也有权提出修改意见。商谈日程对入境旅游团尤为必要，国内组团社与境外旅行社确认的日程安排由于时间关系双方都可能有某些变化，从而使全陪手中的接待计划与领队持有的旅行计划之间可能出现差异。所以双方商谈日程不仅是一种礼貌，也是必需的。

商谈日程应以接待计划为依据，商谈中本着服务第一、宾客至上、遵循合同、平等协商的原则。全陪与领队商谈日程时，应将双方持有的旅行计划进行对照。如领队手中的日程与全陪的接待计划有出入，全陪应向组团社报告。商讨时应尽量避免大的变动。如果变动较小而又能予以安排，可主随客便；若变动较大而又无法安排，应做详细解释；如果领队和旅游者坚持，又有特殊理由，全陪应及时请示组团社，再做决定。日程商定后，让领队向全团正式宣布。

（一）核对、商定日程的时间、地点与对象

时间：应选在旅游团抵达的当天，在游览活动开始之前。对一般观光旅游团，可在首次沿途导游途中进行，即在介绍本地参观游览项目时征求游客意见后确定下来，也可在旅游团进入酒店大堂入住手续办理完毕后进行。对重点团、专业团、交流团、考察团、学术团则应在旅游团到达酒店后进行。

地点：在酒店大堂内，必要时可租用酒店的会议室。

对象：商谈日程的对象应根据旅游团的性质而定，对一般旅游团，与领队、全陪商谈；对重点团、专业团、交流团，除领队、全陪外，还应请团内有关负责人一起参加商谈。如果旅游团没有领队，可与全团游客一起商定。

（二）核对、商定过程出现不同情况的处理措施

（1）对方提出较小的修改意见。首先，地陪可在不违背旅游合同的前提下，对合理而又可能满足的项目，努力予以安排。其次，如对方提出增加新的游览项目，而新增游览项目需增收费用，地陪应及时向旅行社有关部门反映，并事先向领队和游客讲明，若他们同意，订立书面合同，按规定收费，但新增项目的安排不得影响计划项目的实施。最后，对无法满足对方要求的项目，地陪要耐心做好

解释和说服工作。

（2）对方提出的要求与原计划的日程不符且又涉及接待规格时，地陪一般应予以婉言拒绝，并说明我方不方便。如领队和全体游客提出的要求确有特殊理由，地陪必须请示旅行社有关领导，按领导指示而定。

（3）领队（或全陪）手中的旅行计划与地接导游的接待计划有部分出入时，地陪应及时报告旅行社查明原因，以分清责任，若是接待方的责任，地陪应实事求是地说明情况，向领队和全体游客说明情况，并致歉。若责任不在接待方，地陪不应指责对方，必要时，可请领队向游客做好解释工作。

下面我们就举例模拟讲解一下酒店介绍和行程安排：

好了，各位游客，在前往酒店的路上我给大家简单介绍一下在贵州参观游览的行程安排。我们在贵州总共将要游览3天，今天入住酒店后，我们好好休息，明天正式开始游览。第一天我们从贵阳出发前往黄果树大瀑布，下午参观完以后我们前往荔波漳江风景名胜区。第二天就在荔波参观游览，下午驱车到西江千户苗寨并住在西江。第三天就在西江参观游览。结束西江之旅后，我们将结束本次旅程。

好了，马上就要到酒店了，我向大家详细介绍一下我们下榻的酒店及今天的活动安排。我们下榻的酒店为贵州饭店。久负盛名的贵州饭店曾是全省第一家中外合作的星级酒店，在贵州市场上35年精耕细作，已在全省范围内建立了深厚的市场知名度与美誉度，品牌认知与认可深入民心、家喻户晓。地处贵阳市中心北京路中心地段，紧邻贵州省政府和贵州省博物馆，并与银海元隆星力百货商贸城紧紧相邻。酒店距离贵阳龙洞堡机场11.89千米，距离贵阳火车站6千米，距高铁站7.1千米。周边景点有黔灵山公园、甲秀楼等，酒店设备设施先进，通信快捷，服务功能齐全，酒店房间宽敞舒适。有中、西餐厅，高档宴会厅以及设施一流的高级会议厅、多功能厅等，能提供上千人同时用餐和开会。

好，我们现在已经到达贵州饭店，请大家拿好自己的行李物品下车。

【课后思考】

1. 导游小张接待上海旅游团一行20人入住北戴河某酒店，为游客办理完入住，讲清注意事项后，游客开始自由活动。这时团队有游客反映客房内有蟑螂，而且房间有异味，游客不愿意入住而要求换房。如果你是该团的导游，该如何做？

2. 2018年6月带团去长白山游览，团队第二天中午抵达。该团入住长白山山脚下的度假村。该酒店既有别墅又有主楼，房间价格一样。但别墅位置好，很受欢迎，入住率很高，常常先入为主，来晚了只能住主楼。地接导游为团队全部争取了别墅。结果入住当天刚好有一批游客刚刚离开别墅，导游忘记询问所有别墅是否已打扫干净。结果游客领完钥匙兴高采烈地回房间，结果发现他们的房间还未打扫，便很不满意找到地接导游兴师问罪。如果你是该团的导游，该如何做？

任务四　车上导游讲解

【知识链接】

2016年4月11日，国家旅游局、交通运输部联合下发《关于进一步规范导游专座等有关事宜的通知》（旅发〔2016〕51号）指出，为保障导游安全执业，国家旅游局、交通运输部决定进一步规范"导游专座"设置和使用等事宜，"导游专座"是指旅游客运车辆在提供旅游服务时，为导游人员设置的专用座位。"导游专座"应设置在旅游客运车辆前乘客门侧第一排乘客座椅靠通道侧位置；旅游客运企业在旅游服务过程中，应配备印有"导游专座"字样的座套；旅行社制订团队旅游计划时，应根据车辆座位数和团队人数，统筹考虑，游客与导游总人数不得超过车辆核定乘员数。

一、车上导游讲解的重要性

车上导游讲解的重要性不言而喻，如果交通车程较长，地陪可以在车上组织一些娱乐活动，如做一些小游戏、教游客说方言或教老外说汉语、带领游客唱歌、讲笑话、猜谜语等。导游也可以与游客展开一些交流活动，如介绍当日国内外重要新闻、探讨热门话题、聊天寒暄等。

（1）车上空间有限，游客坐车时较无聊。车上导游讲解主要进行景点介绍。衡量一个导游是否优秀，关键是看导游在车上讲解的水平。导游在旅游车上一般会进行风光风情讲解，介绍当地的风土人情、旅游商品、当地经济、文化、旅游景点等相关知识。导游如果对一些目的地著名的景点、有当地特色的夜游项目等进行导游讲解，可产生"润物细无声""潜移默化"的功效，让游客在接受旅游知识的同时了解一些当地特色的旅游景点、文娱演出和特色旅游商品的信息。旅游车上空间有限，导游讲解生动有趣，游客则很容易接受众多的信息。同时，导游要宣传真善美，杜绝假丑恶。故而，车上是导游进行景点介绍、提醒注意事项的绝佳场所。

（2）车上导游讲解可拉近与游客的距离，让游客放松地享受旅游的乐趣。通常，一个团队在旅行过程当中，都有乘车两三个小时的情况，那这两三个小时讲什么呢？游客与导游之间刚开始都不熟悉，导游要做的是通过讲解打消游客的顾虑，建立游客对自己的信任，体现自己的价值。在行进中解说时，导游一定要考虑团队的整体行动速度、游客的年龄及游客的接受能力等，并及时调整解说的速度和音量。

（3）车上导游讲解与娱乐活动可活跃气氛。有些游客出来旅游就是希望玩玩闹闹、开开心心、听听笑话、唱唱歌、放松心情、开心一下。导游除沿途给游客进行讲解外，还可以适时地组织一些活动，活跃一下气氛，如唱歌、讲故事、猜谜语等。主要目的是：一是活跃车上的气氛；二是充分显示导游的才华；三是加深大家对导游的印象。

（4）车上导游讲解可为介绍本地特色旅游纪念品创造机会。在旅游巴士上，一般要求导游的解说简短、明快，根据景致的不断变化而解说，达到让游客能够一目了然的效果。有的导游会在车上介绍本地特产和旅游纪念品。例如贵州的少数民族特产，蜡染、银饰、茅台酒、波波糖、中药材等，从而更好地带动当地经济的发展，也可以让游客得到实惠。

（5）车上导游讲解可实现和游客的交流，了解游客，为针对性服务做准备。在车上，可以和游客进行双向的聚谈或问答或聊天，要充分发挥游客的主观能动性，导游与游客"聚谈"要掌握一定的原则。① 少说多听，主要是倾听游客的观点，从中揣测游客的心理。② 活跃气氛，要留意聚谈者的情绪变化，必要时岔开话题或打圆场，说些笑话让游客放松，千万不要让聚谈演变为争吵。③ 控制进程，视情况选择合适的话题，及时制止涉及人身攻击、个人隐私和违反有关法规的不当言论。④ 广泛对话，要发动更多的游客参与到聚谈中来。

二、车上导游讲解遵循的原则

（1）把握好讲解的节奏和信息传递的量。讲解一定要生动有内涵，有感情、激情，有节奏，充分调动游客的情绪，不能是催眠曲。

（2）指示应明确及时。很多注意事项必须明确地告知游客，且要及时，不得含糊其词。

（3）导游所讲与游客所见有机结合。景点概况、沿途介绍，导游必须在车上讲，而且导游应和周边的景点一致，具有及时性，导游讲解的要和游客所看到的一致。

（4）调动游客参与，实施互动。导游不能唱独角戏，必须充分调动游客的积极性，让游客参与其中，双向互动，使车上娱乐活动有意义。

车上娱乐活动主要有猜谜语类、脑筋急转弯类、互动游戏、讲笑话、唱歌、看电影等。需要导游平时多积累素材，并且具备高超的表演技巧，从而达到更好的效果，让游客度过一个轻松愉悦的车上旅程。

三、车上讲解的技巧

导游在车上讲解有"见人说人，见物说物"的基本原则。同时，在讲解这些人与物的时候，确实也存在一些规律性的内容，如：向游客介绍本地旅游景点的概况、景区景点的地理位置、气候特征、历史沿革、发展现状以及土特产等；回答游客提出的问题，加深游客对旅游目的地的了解；导游讲解时还要注意控制好时间，不要出现旅游车已到达目的地，内容还未讲完，从而让游客未能尽兴而匆忙下车的情况；抵达景点时，导游应告知在景点停留的时间以及参观游览结束后集合的时间、地点。此外，地陪还应向游客讲明游览过程中的有关注意事项。

另外，诙谐的语言可以活跃气氛。有些旅游团上车后一声不响，气氛沉闷。碰到这种情况，有的导游往往难以打开局面，可有经验的导游员却只需一两句幽默的语言，就可使车内爆出笑声，使气氛顿时活跃起来。车内讲解是带团时搞好气氛的主要途径。在旅游车上讲解时应掌握以下要领：

（1）与司机商量确定行车线路时，在合理且可能的原则下尽量不要错过城市的重要景观。我们首先要明确一个点，一群陌生人来到你所在的城市，首先最感兴趣的是这个城市比较有特点的一个建筑或者其他内容。所以，我们在旅游车前往目的地的同时，要遵循一个原则，即在合理而可能的情况下，尽量不要错过这个城市的重要景观。首先我们要注意的是，只要有可能就不要错过一些有意义的景观。

（2）在经过重要景点或标志性建筑时，要及时向游客指示景物的方向，讲解的内容要及时与车外的景物相呼应。

（3）要学会使用"触景生情法"，在讲解城市的交通、气候、地理特点等概况时，可与游客看到的景象结合并借题发挥。例如，通过观察贵州高速上的隧道和桥梁，发现在喀斯特地貌上修路是一件极其困难的事情，但是贵州的桥梁却取得了举世瞩目的成就，贵州的"县县通高速""市市通高铁"，真正摆脱了"天无三日晴，地无三里平，人无三分银"的传统印象，感触贵州近年来经济社会文化的快速发展。

（4）在讲解的过程中要注意观察游客的反应，如果大部分人的关注点是车外或频繁地互相交流，此时导游要注意调整讲解内容，通过指示游客观看车外的某个景物或现象将其注意力吸引回来，并及时运用"问答法"与游客进行互动交流，从而通过互动使气氛活跃起来。

（5）在快要到达将要游览的景区时，要使用"突出重点法"对景区的重要价值及最独特之处向游客进行讲解，以激发游客对景区的游览兴趣。同时要注意强调景区游览时的注意事项及集合时间和地点。

（6）车上的互动。互动的方式主要如下：

① 小故事。民俗历史类的故事，如阳明文化、夜郎自大、黔驴技穷等，以及带有地方特色的故事。

② 笑话。一定要多备几个笑话，活跃气氛。但是，不能讲黄色段子，尤其是女孩，会让人觉得不稳重或者有机可乘。

③ 猜谜语。这类就有很多了，地名的、人物的、搞笑的、脑洞大开的，总之

要多备点谜语。

④ 游戏、活动。要会一些小活动，如击鼓传花、拉歌、成语接龙、青蛙游戏、厨房游戏等。

⑤ 歌曲。导游要至少会两首能唱全的歌曲，最好是老歌、新歌、民歌各备一首，会当地戏曲就更好。导游唱歌不一定要好听，也不一定要靠谱，只要敢唱就可以了，要的就是调节氛围。

⑥ 音乐、电影类。在讲解结束后，可以放一点轻音乐和民俗歌曲，也可以放一些老少皆宜的喜剧片和纪录片。

⑦ 教讲当地方言。最好会说一段，如果你不是本地人，也要学几个有代表性的词语，如教讲贵州方言、苗语、侗语等。

【知识链接】

新旧"三言""两语"话贵州

说起贵州，人们观念中首先闪出的还是旧的"三言""两语"。"三言"即地无三尺平、天无三日晴、人无三分银；"两语"即夜郎自大、黔驴技穷。"三言"道尽了贵州的地理、气候和经济，没有多余辩解的余地。但"两语"多少有些误会在里面，首先是"黔驴技穷"。其来源是唐代大家柳宗元的《黔之驴》。但明眼人从文章一开头就发现这驴和黔没有关系："黔无驴，有好事者船载以入。"如果放在今天，一定有贵州人不服，明明是好事者"船载以入"的，为什么用"黔之驴"为标题，真正属于我们的是"黔之虎"才对。

对"夜郎自大"，有贵州学者进行了考证和辨析。如贵州大学人文学院副教授闫平凡就专门撰文《"夜郎自大"成语的形成》指出，虽然世人公认"夜郎自大"出自《史记·西南夷列传》："滇王与汉使者言曰：'汉孰与我大？'及夜郎侯亦然。以道不通故，各自以为一州主，不知汉广大。"事实上，"夜郎自大"的形成源于明代文人朋友圈的"刷屏"。作者认为，这与贵州在明代正式建省，流官不断进入贵州，以及当时贵州经济发展水平有关。作者还颇有意味地说，"夜郎自大"成语的形成与流行和中国语言文字有关。言下之意就是，滇王和夜郎侯均问了"汉孰与我大"，为什么不是"滇自大"而是"夜郎自大"？显然这是吃了四字格成语的亏！

斗转星移，现在的贵州人底气十足地大声喊出了新"三言""两语"：凉爽的天气、清爽的空气、养生的福地；山地公园省、多彩贵州风。

"天无三日晴"，表明雨水较多，空气比较湿润，气候比较凉爽；"地无三尺平"，作为全国唯一没有平原支撑的省份，境内山峦重叠、沟壑纵横，全省域就是"山地公园"；欠发达，工业比较少，对空气等环境污染反倒少；由于交通的阻隔，长期封闭于大山深处的少数民族形成了"三里不同风、五里不同俗"的独特景象，成了别有风味的"文化千岛"，在世界越来越同质化的今天，多彩贵州风不仅风行神州，甚至还刮到世界各地。

"江南千条水，云贵万重山。五百年后看，云贵胜江南。"如今的贵州人常引用据称是用明代刘伯温的诗来表达自己的信心和期待。

【课后思考】

查询资料，熟练完成3个适合车上开展的互动游戏。

项目四　自然景观讲解

【导言】

在旅游学中，将自然景观视为由自然环境、物质、景象构成，具有游览、休闲、疗养等价值的景物或景物综合体，侧重美学价值和经济效用。在景观生态学和地理学中，将自然景观视为由不同镶嵌体组成的空间异质性区域，是具有经济、生态和美学功能的自然综合体，侧重空间性、异质性和功能性。要讲解好自然景观，导游人员应全面提升知识水平，并灵活运用导游语言，针对不同的团型，从不同的领域和视角，揭示各类自然景观的多重价值。

【学习目标】

学习本项目后，了解自然景观，掌握中国主要自然景观的类型和景区的相关知识；掌握自然景观导游讲解的语言要求和方法；掌握自然景观导游词创作的基本方法；能够解决讲解过程中的常见问题；培养学生独立思考和观察的能力，培养学生对自然的热爱与保护意识。

【学习重点】

1. 自然景观的类型。
2. 中国重点自然景观的相关知识。
3. 自然景观导游词创作技巧。

【学习难点】

1. 自然景观的导游讲解技巧。
2. 自然景观的价值挖掘。
3. 自然景观内涵和外延的探究。

【案例导入】

一、赤水丹霞旅游区的概况

赤水丹霞旅游区，位于贵州省赤水市南部，面积 36.3 平方千米，由赤水大瀑布、佛光岩、燕子岩三大景点组成，以丹霞地貌、瀑布群、竹海、桫椤、原始森林为主要特色，形成了山、谷、瀑、湖、河、村、珍稀动植物等多样的景观类型，是"千瀑之市、丹霞之冠、竹子之乡、桫椤王国"的缩影，是山、水、林配置最好的丹霞地貌区，是世界上最典型、最优美、生态环境多样、景观配置最佳的丹霞景观代表，世界罕见。

赤水丹霞旅游区，是世界自然遗产赤水丹霞核心景区，是赤水国家重点风景名胜区的王牌景区，也是国家地质公园、国家森林公园、国家级自然保护区。

二、赤水丹霞旅游区观赏游憩价值

走进赤水丹霞旅游区，艳丽鲜红的丹霞赤壁，拔地而起的孤峰窄脊，仪态万千的奇山异石，巨大的岩廊洞穴和优美的丹霞峡谷与绿色森林、飞瀑流泉相映成趣，具有极高的观赏价值，令人倾倒。

（一）中国丹霞之冠

1. 世界罕见的绿色丹霞景观

赤水丹霞不只是单一丹霞地貌，而是结合了瀑布、湿地、翠林等其他大自然的美景，以丹霞地貌、瀑布群、竹海、桫椤、原始森林为主要特色，是山、水、林配置最好的丹霞地貌区。丹霞地貌与大面积古植被和2 359种动植物、珍稀濒危动植物共存，是赤水丹霞最独有的特征。点缀在原始森林、竹海、桫椤之间，犹如红宝石镶嵌在绿洲之中，是世界罕见的绿色丹霞景观。

2. 中国丹霞项目中面积最大的丹霞景观

赤水丹霞是青年早期丹霞地貌的代表，其面积达1 300多平方千米，是全国面积最大、发育最美丽壮观的丹霞地貌，有"赤水丹霞冠华夏"的美誉。赤水丹霞核心区面积273.64平方千米，也是中国丹霞项目中面积最大的丹霞景观。2010年8月2日，赤水丹霞与湖南崀山、广东丹霞山、福建泰宁、江西龙虎山、浙江江郎山等六大著名丹霞地貌组合成为"中国丹霞"，列入《世界遗产名录》，是我国第八个世界自然遗产项目。

丹霞景观——佛光岩：贵州赤水丹霞地貌区峡谷深切，两岸陡立，白垩系厚层块状红色砂岩垂直节理发育，岩体沿节理整体崩塌，多形成高宽数十米甚至数百米的绝壁。佛光岩是巨型丹霞崖壁的典型代表，呈马蹄形水平展布，相对高度近385米，弧长1 117米。崖壁中央有一柱状瀑布，高269余米，宽42米，形似"佛"字，倾流而下的瀑布水声如雷，蔚为壮观。佛光岩在阳光照射下红光四射，如同一幅精美绝伦的山水画，极具视觉震撼力，堪称丹霞一绝（见图4-1）。

（二）最壮观的丹霞瀑布群（叠瀑成群，千瀑奇观）

旅游区内多条急流飞瀑深切河谷，形成了中国最大的丹霞瀑布景观群，是名副其实的"千瀑之地"。加之丹崖赤壁发育的高度、宽度和体量之大，具有很强的视觉冲击力。

图 4-1　佛光岩

丹霞景观——赤水大瀑布：是赤水境内 4 000 多条瀑布中最大的瀑布，也是长江水系和中国丹霞地貌区最大、最壮观的瀑布（见图 4-2）。瀑布高 76.2 米，宽 81 米，是我国最佳瀑布奇观之一。

图 4-2　赤水大瀑布

（三）优美多姿的蕨类之王——桫椤

1. 树形优美多姿、苍劲挺拔

桫椤，又名树蕨，是一种起源古老的冰川前孑遗植物（见图 4-3）。桫椤植株高大，株高 3~5 米，最高近 10 米。一般主干不分枝，叶项生，形如巨伞，状若华盖，树形优美，四季常青，享有"蕨类植物之王"的美誉，蜚声海内外。

图 4-3　桫椤

2. 穿越了时空隧道的活化石

桫椤，早在距今约 1.8 亿年前的中生代侏罗纪时期就十分繁茂。它和恐龙同生共荣，成为生物界在远古时代地球上的重要标志。经过第四纪冰川的侵袭，桫椤仅在一些低纬度的适宜生态环境里残存并繁衍至今，被国家确定为一级珍稀濒危保护植物。

（四）浩瀚无垠的竹海世界

赤水是中国竹子之乡，拥有 12 属 40 多种的各类竹子。赤水丹霞旅游区内拥有十余万亩的连绵竹海，层层叠叠，浩瀚无垠（见图 4-4）。漫步于丹霞竹径之中，享自然之清新，吸山野之芬芳。

图 4-4 竹海

思考：赤水丹霞有哪些自然景观？它们都有哪些特征和价值？收集赤水丹霞导游讲解的基本素材。

任务一　山岳景观讲解

【知识链接】

何为三山五岳？三山，有三种说法：一是指华夏远古神话传说中的三条龙脉：喜马拉雅山脉（盘古开天辟地、共工怒触不周山）、昆仑山脉（玉帝居庭玉京山、嫦娥奔月）、天山山脉（西王母娘居庭、女娲炼石补天）；二是道教传说中的三座仙山：蓬莱（蓬壶）、方丈山（方壶）、瀛洲（瀛壶）；三是今人喜欢的三座旅游名山：黄山、庐山、雁荡山。五岳指泰山、华山、嵩山、恒山、衡山。

面对自然景观，游客能通过视觉直观感受到大自然的美，但如果缺少讲解或者讲解粗浅，游客便很难体会到自然景观具备的多重价值。因此，自然景观的讲解考验导游的基本功，不仅要让游客听得懂，还要把景观背后的历史与成因展现出来，让静止的自然景观"开口说话"。

一、山岳景观概述

地面高耸的部分称之为山，高大的山称之为"岳"。古诗云："登东山而小鲁，登泰山而小天下。"于是，"小天下"成为诸多游客不断追逐的愿景。"横看成岭侧成峰，远近高低各不同"，则是不同人群、不同角度对于山景的审视。更有徐霞客的著名论断："薄海内外，无如徽之黄山，登黄山天下无山，观止矣！"如此种种，关于山岳的记载汗牛充栋。山岳给人带来想要征服的冲动，成为游历山岳的动力，也给诗词歌赋、散文游记增添了不少题材。优秀的文学作品，也为后世再次游历山岳赋予了更多文化内涵。

山岳景观通常具有"雄、险、秀、幽、奇"等美学特征，是最具代表性的旅游目的地之一，以山地为旅游资源载体和构景要素且具有美感的地域综合体，是当代居民旅游、健身、休闲、度假的主要场所，也是地理学、地质学、生态学、国画、中草药、国学、艺术等众多学科实践教学的基地。山岳景观不仅是一种自然景观，其蕴含的山岳文化同时兼具自然景色美和社会文化美。

山岳型景观具有很高的文化价值、艺术价值以及科学研究价值，大自然与人类文明都以山岳景观为载体，记载了太多的内涵。如何去挖掘、展现、再现这些有价值、有意义的内涵，是我们的研究任务。

二、山岳景观类型

以成景的物质基础作为山岳景观的分类原则，有花岗岩山岳景观、碎屑岩山岳景观、石灰岩山岳景观、火山岩山岳景观等；以成景的地貌类型作为山岳景观的分类原则，有岩溶地貌景观、黄土地貌景观、火山地貌景观等。

三、中国典型的山岳景观

"东岳泰山之雄，西岳华山之险，中岳嵩山之峻，北岳恒山之幽，南岳衡山之秀"是中国闻名世界的"五岳"山岳景观。

（一）泰　山

泰山是中国著名的五岳之一，是世界自然与文化遗产、世界地质公园、国家级风景名胜区（见图 4-5）。泰山自古被视为帝王告祭的神山，自秦始皇开始到清代，先后有 13 代帝王依次亲登泰山封禅或祭祀。泰山上共有 20 余处古建筑群，2 200 余处碑碣石刻。

泰山相伴上下五千年的华夏文明传承历史，集国家兴盛、民族存亡的象征于一身，是中华民族的精神家园，东方文化的缩影，"天人合一"思想的寄托之地，承载着丰厚的地理历史文化内涵，被古人视为"直通帝座"的天堂，成为百姓崇拜、帝王告祭的神山，有"泰山安，四海皆安"的说法。自秦始皇起至清代，先后有 13 代帝王依次亲登泰山封禅或祭祀，另有 24 代帝王遣官祭祀 72 次。山体上有寺庙、宫、观等古建筑群 29 处，古遗址 128 处，有大小碑碣、摩崖石刻 2 000 余处。其景巍峨雄奇、幽奥俊秀，有石坞松涛、云海玉盘等美丽壮阔的自然景观。其历史文化、自然风光、地质奇观和谐融为一体，具有特殊的历史、文化、美学和科学价值。

泰山的前寒武纪地质构造发育以多期的褶皱、断裂以及韧性剪切带为主要特征。它们彼此叠加相互改造，构成了极其复杂的构造面貌，对它们的成因机制研究是前寒武纪地质研究的重要内容之一。另外，中元古代辉绿玢岩发育的国内外罕见的"桶状构造"，具有很高的科学价值。

图 4-5　泰山

（二）华　山

华山古称"西岳"，雅称"太华山"，中国五岳之一。华山雄伟奇峻，山势峻峭，壁立千仞，群峰挺秀，自古以来就有"华山天下险""奇险天下第一山"的美誉。

华山山脉是深成侵入岩体的花岗岩浑然巨石，顶部是粗粒（粒径 5 毫米）斑状花岗岩；中部是中粒（粒径 2~5 毫米）花岗河长岩及片麻状花岗岩。据地质科学工作者用放射性同位素测定，华山花岗岩的形成期距今约 12 100 万年，华山山脉地区的地壳发生活动，在受挤压、褶皱和破裂的过程中，岩浆开始沿着裂缝向表层地壳上升侵入，在 3 000~6 000 米深处冷却，凝结成岩。在新生代燕山期约 7 000 万年以前，华山山脉的地壳继续上升，而渭河地带相反向下凹陷。这种内动力地壳作用，时快时慢，时断时续，显现出东西一线上并列着许多平整的三角形或梯形面，形成了秦岭北麓的大断层。这些大致平行的东西向断层，将山地割切成若干长条形断块。断块在彼此相互上升下降活动中，多呈北翘、南俯的岭谷相间的地形。同时，也出现了许多与东西向斜交的断层，使原长条形断块被切成多段。各段地发生前后错动,形成复杂运动。加之雨水、阳光、冰冻、流水等各种外力作用的相互影响,花岗岩才直接露出空间。

华山花岗岩有较多且明显的以北 20 度向西走的节理和断层。其他的还有南北走向,北 30 度西向的、北 10 度东向的、北 50 度东向的。此外,还有近乎水平之大小纵横之断层和节理,将完整的花岗岩体分割成大大小小的岩块,在纵横河流的切割活动中,风化剥蚀形成了一座俊秀的山峰和许许多多奇形怪状的岩石。

东、西、南三峰呈鼎形相依,为华山主峰。中峰、北峰相辅,周围各小峰环卫而立,宛如青莲层层花瓣,形成华山挺拔俊秀的特殊魅力(见图 4-6)。

图 4-6 华山

(三)嵩 山

嵩山位于河南省登封市西北部,是中国著名的五岳之中岳。嵩山是世界地质公园、国家森林公园、全国文明旅游风景区示范点、世界文化与自然遗产(国家预备名录),于 2001 年 4 月被批准为国家地质公园,2004 年 2 月 13 日被联合国教科文组织(UNESCO)评为首批世界地质公园。中岳嵩山由太室山和少室山两大山体群组成,有峻极、太阳、少阳、明月、玉柱等 72 峰,峰峰相连,峰峰壮观(见图 4-7)。古老的嵩山起始于 36 亿年前,堪称万山之祖,拥有"五代同堂"的地质奇观,被誉为"天然地质博物馆""地学百科全书"。这里有中国现存最古老的汉代礼制建筑——汉三阙、佛教禅宗祖庭——少林、道教发源地——中岳庙、宋代四大书院之一——嵩阳书院、中国现存最早的砖塔——嵩岳寺塔、中国现存最古老最完好的天文建筑——观星台等,文化遗存星罗棋布,佛教儒三教荟萃,内涵博大精深。

嵩山属华北地层区、豫西分区、嵩箕小区,地层发育比较齐全,新太古代、古元古代、中—新元古代、古生代、中生代、新生代均留下了丰富的地层遗迹,号称"五(七)代同堂"。

图 4-7 嵩山

（四）恒　山

恒山位于山西省大同市浑源县城南 4 千米处，与东岳泰山、西岳华山、南岳衡山、中岳嵩山并称中华五岳。自古即中国北方著名的风景游览胜地和重要的道教发祥地之一，是中华锦绣山河的杰出代表，国家地理的重要标志，承载着中华文明符号，孕育出浓浓的地域文化和民俗，具有重要地位。恒山山脉，发脉于管涔山，东西绵延五百里，锦绣一百零八峰，呈东北走向，叠嶂拔峙，横亘塞上，1982 年即被国务院首批公布为国家级风景名胜区，辖有 13 处景色独特、功能各异的子峰（见图 4-8），其中，主景区面积 122.38 平方千米，拥有国家级重点文物保护单位 7 处，省级文物保护单位 6 处和恒山国家森林公园等。2009 年，北岳恒山被成功列入"国家自然和文化双遗产名录""世界自然和文化遗产预备名录"。恒山主峰天峰岭海拔 2 016.1 米，层峦叠嶂，气势磅礴，素有"人天北柱""绝塞名山"之美誉。山势构造为典型的版画式断层山，一层绝壁，一层绿带，夕阳金辉之下，景色格外壮丽。唐代大诗人贾岛曾用"天地有五岳，恒岳居其北。岩峦叠万重，诡怪浩难测"的诗句来描绘北岳恒山的雄浑气象；北宋著名画家郭熙则用"恒山如行"来勾勒其群峰奔突的地貌特征。

恒山的岩石主要由碳酸盐岩构成，这种岩石是在 260 万年前喜马拉雅造山运动和山前断裂的影响下形成的。这一过程导致了恒山北侧的沉降和南侧的大规模隆起，最终形成了今天雄伟的碳酸盐岩地貌。恒山的北坡，其山地形态颇似群马奔腾，横亘塞上，展现了其独特的自然景观。

图 4-8 恒山

（五）衡　山

衡山又名南岳、寿岳、南山，为中国"五岳"之一，位于中国湖南省中部偏东南部，绵亘于衡阳、湘潭两盆地间，主体部分位于衡阳市南岳区、衡山县和衡阳县东部。据战国时期的《甘石星经》记载，因其位于星座二十八宿的彗星之翼，"变应玑衡""铨德钧物"，犹如衡器，可称天地，故名"衡山"。衡山是中国著名的道教、佛教圣地，环山有寺、庙、庵、观 200 多处。衡山是上古时期君王唐尧、虞舜巡疆狩猎祭祀社稷，夏禹杀马祭天地求治洪方法之地。衡山山神是民间崇拜的火神祝融，他被黄帝委任镇守衡山，教民用火，化育万物，死后葬于衡山赤帝峰，被当地尊称南岳圣帝。道教"三十六洞天，七十二福地"，有四处位于衡山之中，释迦牟尼两颗真身舍利子藏于衡山南台寺金刚舍利塔中。衡山主要山峰有回雁峰、祝融峰、紫盖峰、岳麓山等，最高峰祝融峰海拔 1 300.2 米。衡山主体部分介于北纬 27°4′~27°20′，东经 112°34′~112°44′，呈东北—西南走向，北起衡山县福田铺乡，南迄衡阳县樟木乡，西起衡阳县界牌镇，东至衡阳市南岳区，长 38 千米，最宽处 17 千米，总面积 640 平方千米（见图 4-9）。1982 年，衡山风景区被列入第一批国家级重点风景名胜区名单；2006 年 2 月，衡山入选首批国家自然与文化双遗产名录；2007 年 5 月，衡山风景区被评为首批国家 5A 级旅游景区；2007 年 8 月，衡山被列为国家级自然保护区。

衡山以一块大花岗岩岩石为基础，由于表层沉积遭到冲刷和强烈剥蚀，花岗岩有较大面积的出露。岩内穿插有伟晶花岗岩，石英岩脉很多，宽狭变化较大，宽的可达 40 厘米。这些岩脉对于花岗岩的风化有加速作用。基岩的上覆红壤中含有大量石英沙粒，证明是由花岗岩风化来的。包围在花岗岩外围的岩石分为3类：志留奥陶纪紫色页岩及砾状石英岩、泥盆纪砂岩及页岩、第三纪红色砂岩及页岩。以性质而论，砾状石英岩最硬，紫色页岩最软，在同期岩层上表现为不同的地形。气象气候的关系，加之流水、风、热等风化、剥蚀作用，形成了现代衡山的奇特景观。

图4-9 衡山

四、山岳景观的讲解技巧

在游览山岳景观时，提升游客满意度最关键的因素是导游的讲解。精彩的讲解会让游客获得景观带来的多重价值和意义，令游客受益、回味。因此，掌握山岳景观讲解的方法和技巧至关重要。

（1）知识的准备。熟悉所游览山岳的景观及与之相关的科普、历史文化知识；掌握必要的环保知识、生态知识和安全知识；熟悉景区的有关管理条例；搜集相关的典故传说，并准备一些幽默故事。登山是很辛苦的，因此需要一些有趣、幽默的故事来增添笑料，缓解游客的疲劳。

（2）了解游客情况。根据游客资料分析了解游客情况，如客源地、年龄性格、受教育程度、身体状况、旅游动机、旅游偏好、整体组合等，以便在线路安排、讲解内容等方面"投其所好"，满足游客的偏好。

（3）设计合理的游览路线，并做好游览前准备，提醒游客注意游览过程中的安全事项。游览途中，对所见景点进行介绍，对重点景观进行深层讲解，并根据游程适时安排休息、娱乐，以做到劳逸结合。

（4）突出历史文化知识。中国的名山承载着厚重的历史，积淀着千年的文化。文化是一座山的灵魂、一座山的精神，也是游客了解名山的手段。文化的传播需要导游生动、有效地讲解。

（5）突出审美认知。山地景观形态多样，造型丰富，既有雄、奇、险、秀之特征，又有似人物、神仙、飞禽走兽之造型；同时生态复杂，气象万千，既有名花异卉、珍禽异兽之珍奇，又有彩霞佛光、浮云飘烟之玄妙……蕴涵着多种美的要素、美的形式，是一个丰富多彩的美的空间综合体。导游讲解时尤其应突出其美学特征，引导游客观山之形、品山之色、赏山之态、闻山之声、嗅山之气，让游客充分领略山地的形象、色彩、动态、听觉、嗅味之美感。

【课后思考】

1. 梳理中国各省、自治区、直辖市的著名山岳景观。
2. 结合本省山岳，创作一篇山岳景观的导游词。

任务二　水体景观讲解

【知识链接】

浙江·千岛湖

千岛湖，这个迷人的名字是怎样得来的呢？

据淳安县地名委员会普查，新安江水库在108米高程水位，面积在2 500平方米以上的岛屿共有1 078个，故名千岛湖。

千岛湖的面积为573平方千米，相当于杭州西湖的108倍，是华东地区最大的人工湖。其蓄水量达到178亿立方米，相当于杭州西湖的3 000多倍。难怪它在郭沫若的诗中有了"西子三千个"的美誉。

这段讲解词，在具体介绍千岛湖的名称由来和面积时充分抓住了千岛湖的两个数字：一个是千岛，另一个是郭沫若的诗句"西子三千个"。这两组数字的解释，生动形象地介绍了千岛湖名称的由来和千岛湖水面面积的特点。

一、水体景观概述

在自然景观中，水是最基本、最富有活力的要素。水不仅有重要的生态功能，而且具有不可替代的美学价值。水体景观，就是以水体为主构成的景观。优质的水体景观可作为水资源满足生产需求，也可作为水环境为生产生活提供支撑，还可作为景观为生活增添色彩。

二、水体景观的类型

水体景观的构成要素主要是水体自身所呈现的各种形态，以及水体所依托的地形地貌、水体所处的地理气候，水边树木、水中动植物等有形或无形的要素。

水体景观的类型主要有江河溪涧、湖泊水库、飞瀑流泉、冰川景观、海域景观。

（一）江河溪涧

江河景观，如闻名于世的长江三峡、母亲河——黄河、广西"山青、水秀、洞奇、石美"的漓江风光等。溪涧景观，如福建武夷山九曲溪、湖北神农溪等。

（二）湖泊水库

湖泊景观，如"水天一色，风月无边"的洞庭湖，水光潋滟"欲把西湖比西子"的杭州西湖，云南昆明滇池和大理洱海，中国最大火山堰塞湖黑龙江的镜泊湖等。

（三）飞瀑流泉

瀑布，雄壮、粗犷、千姿百态，具有声、色、形之美，是别具风格的水体景观。中国有三大著名瀑布景观，即贵州黄果树瀑布（岩溶型瀑布）、黄河壶口瀑布（差别侵蚀型瀑布）、黑龙江吊水楼瀑布（火山熔岩瀑布），还有著名的"飞流直下三千尺"的庐山香炉瀑布（构造性瀑布）等。

（四）冰川景观

冰川景观主要是高山和高纬地区的具有特殊形态特征和地貌景观特征的水域风光资源。中国的珠穆朗玛峰冰川、天山一号冰川、四川海螺沟冰川等，冰川景观的审美体验者，往往是那些具有多中心型个性心理的旅游者。

（五）海域景观

风景海域主要是与海岸和海岛合为一体的复合景观，包括海潮、海啸、海风、海市蜃景等。例如，"壮观天下无"的钱塘江大潮，"东方夏威夷"的海南三亚亚龙湾有美丽的珊瑚景观和新月形沙滩等。风景海域景观往往有着得天独厚的构景要素，阳光、海水、沙滩三者缺一不可，最适宜度假旅游。

三、中国典型的水体景观

（一）长江三峡瞿塘峡

河水的奔腾汹涌，河岸的险峻秀丽，构成的景观——长江三峡瞿塘峡（见图4-10）。瞿塘峡西起奉节白帝山，东到巫山大溪镇，是长江三峡中最短也最险的一个。西端入口处，两岸断崖壁立，高数百丈，宽不及百米，形同门户，名曰"夔门"。瞿塘峡两岸岩壁高耸如削，大江在悬崖绝壁中汹涌奔流，自古就有"险莫若剑阁，雄莫若夔门"的美称。

图 4-10　长江三峡瞿塘峡

（二）镇远古镇

古建筑、古村落与河流共同构建的甜美乡村、民族风情，都是令人向往的美丽景观，镇远古镇做出了最好的诠释（见图 4-11）。经营者安排了水上游乐项目——乘船游河，也是游客喜爱的旅游体验。在戏水中调动审美激情，把娱乐、观光融为一体。人与水的触碰，让触觉体验充分发挥功效，从生理到心理都获得旅游快感，体验与看别人体验，共同构成风景河段的特殊景观。

图 4-11　镇远古镇

(三) 长白山天池

长白山天池是由火山锥顶上的凹陷部分积水形成的湖泊，是我国最大的火山口湖，荣获海拔最高的火山湖吉尼斯世界之最。天池四周奇峰林立，池水碧绿清澈，是松花江、图们江、鸭绿江的三江之源（见图4-12）。外部形态形似圆形或者马蹄形，一般面积不大、湖水较深，分布于曾有火山活动的区域。这类火山口湖是火山创造的杰作。

图 4-12　长白山天池

(四) 黄果树瀑布

黄果树瀑布其实是以黄果树瀑布为中心的一个群体，分布在 450 平方千米区域内的贵州北盘江支流打帮河、白水河、灞陵河和王二河上。不同河水顺着阶梯式地势而下，河床断落，中断了前路，于是奔涌的水流在断崖处乘着风一跃而下飞入深渊，于是成就了一场华丽的变身。河水悬挂在一阶阶崖壁之上，形成了 18 个形态各异的瀑布，好似一座天然的"瀑布博物馆"。它们结伴成团，以一个共同的名字出现在人们的视野中，这就是中国最壮观的瀑布之一，也就是我们通常理解中的黄果树瀑布群（见图4-13）。

图 4-13　黄果树瀑布

（五）珠穆朗玛峰

世界第一高峰——珠穆朗玛峰，是喜马拉雅山脉的主峰，位于中国和尼泊尔两国边界上，海拔 8 848.86 米。珠峰地区气候复杂，景色瞬息万变，在不同天气和时令下会呈现出极致景致，如珠穆朗玛峰脚下的绒布冰川（见图 4-14）。

图 4-14　绒布冰川

（六）崂山风景区

崂山是中国海岸线第一高峰，有着海上"第一名山"之称。其中，崂山风景区仰口游览区的海域风光，海天一色，与崂山山体浑然天成，美轮美奂（见图 4-15）。

图 4-15　崂山风景区仰口游览区的海域风光

四、水体景观的讲解技巧

水是构景的基本要素，在构景中具有形、影、声、色、光、味、奇等形象生动的特点。导游如能正确掌握这些特点，把自然美和人文美有机结合起来，将这些美感特征介绍给游客，定能提高游客兴致，将其导入情景交融的境界。

（一）形态美

如"西子三千个，群山已失高，峰岳成岛屿，平地卷波涛"，把千岛湖的形态惟妙惟肖地勾勒了出来。又如"黄河之水天上来，奔流到海不复回"，写出了黄河一泻千里、气势磅礴的壮阔场景。同样，"五百里滇池，奔来眼底"，道尽了滇池的浩渺与辽阔。导游在讲解中要突出水体景观的形态特征及其独特的审美价值。形态美的讲解，不仅能使旅游者在游览中欣赏到自然景观美，而且还能受到历史文化美的熏陶。

（二）倒影美

由于水是无色的透明体，所以在光线的作用下，万物倒入皆成影。山石树木，蓝天白云，飞禽走兽，乃至人的活动都会在水中形成倒影，构成奇趣无穷的画面。如清代袁枚的"江到兴安水最清，青山簇簇水中生，分明看见青山顶，船在青山顶上行"，就是对水的倒影美的形象描写。另外，还有九寨沟镜湖等具有的"鱼在天上游，鸟在水底飞"的倒影景观美等。

（三）声音美

声音能让游客在旅游过程中获得重要的乐趣，如泉水的叮咚声、溪流的潺潺声、瀑布的轰鸣声、海啸的雷鸣声等。有些景象虽无声音，人们确似感到声音的存在，达到"此时无声胜有声"的效果。例如，"无边落木萧萧下，不尽长江滚滚来"将长江宏阔的境界，磅礴的气势一语写尽，给人以无限遐想的思绪。

（四）色彩美

水在静止积聚时可以呈现出绚丽的色彩，或蓝，或绿，给人们以色彩的感受。白居易的"日出江花红胜火，春来江水绿如蓝"，使人们为水的绚丽而感动。

（五）光泽美

水在光线的作用下，能产生美妙无比的光学现象，令人赏心悦目。著名的"水光潋滟晴方好"，就是描写西湖晴空中湖水光相象的绝句；三潭印月现象，就是月光、烛光、水光的交相辉映，形成的美丽景色；上海外滩夜晚的灯火世界，倒映在黄浦江上形成一片光的海洋。导游的责任，就是将这种美妙，通过自己的讲解与介绍来感染游客。

【课后思考】

1. 梳理中国各省、自治区、直辖市的著名水体景观。
2. 我国著名的人工湖泊千岛湖有哪些特点？请结合这些特点创作一篇千岛湖景观的导游词。

任务三　生物景观讲解

【知识链接】

国际人与生物圈保护网成员——梵净山

1986年，梵净山被列为国家级自然保护区，同年被联合国教科文组织列入国际"人与生物圈"保护区网，被誉为"地球和人类之宝"。梵净山拥有丰富的野生动植物资源，有黔金丝猴、珙桐等珍稀物种。2018年7月2日，第42届世界遗产委员会决定将梵净山作为世界自然遗产列入《世界遗产名录》。

梵净山保存了亚热带原生生态系统，并有着7 000万至200万年前的古老珍稀物种。其存有生物种类2 601种，其中植物2 000种，列入国家重点保护的珍稀植物21种，占贵州全省受保护植物总数的43%；动物801种，脊椎动物382种，列入国家重点保护动物19种，占贵州全省受保护动物总数的68%。

植物：梵净山有4.2平方千米原始森林，为多种植物区系地理成分汇集地，植物种类丰富，为中国西部中亚热带山地典型的原生植被保存地。区内有植物种数2 000多种，其中高等植物有1 000多种，国家重点保护植物有珙桐等21种，并发现有大面积的珙桐分布，是世界上罕见的生物资源基因库。从海拔500米左右的山麓地带到海拔1 300~1 400米地带，主要是地带性的常绿阔叶林，为梵净山森林的精华所在，其中有不少仍处于原始森林的状态，植株密集，林内阴暗，生活着众多的珍稀生物；从鱼坳以上，海拔1 400~1 900米为常绿落叶阔叶混交林带，1 900~2 100米为落叶阔叶林带。在梵净山，多合围粗的大树，其中有好多树木直径达到1米以上。世界上共有15种植物区系地理成分，在梵净山的就有13种。

动物：梵净山有脊椎动物382种。其中，受国家保护的野生动物有黔金丝猴（国家一级保护动物，被誉为"梵净山精灵""地球的独生子"），现存约700只，仅分布在贵州境内武陵山脉之梵净山。熊猴、猕猴、云豹、林麝、毛冠鹿、苏门羚、穿山甲、鸳鸯、红腹角雉、红腹锦鸡、白冠长尾雉和大鲵（世界上现存最大的也是最珍贵的两栖动物）等14种。梵净山是黔金丝猴的独一分布区（见图4-16）。

图 4-16　黔金丝猴

一、生物景观概述

作为旅游资源的生物景观，主要由植物和动物构成。动植物是自然界中最活跃、最有生机的因素，也是自然景观的主要组成部分。"峨眉天下秀"的"秀"，指的是在起伏流畅的山势上由茂密植被所构成的色彩葱绿、线条柔美的景观特色；"青城天下幽"的"幽"，指的是深山峡谷中茂密的植物增加了景观的意境，使人产生幽深、恬静、脱俗的美感。另外，"两岸猿声啼不住，轻舟已过万重山""山清水秀""鸟语花香"都写出了生物美化环境的功能以及增加景观生命力和意境的重要特点。

二、生物景观类型

形形色色的动植物给大自然增添了无限生机，给旅游景观增加了内涵，为旅游带来了无穷乐趣，也使游客增长了知识。按照生物旅游资源的旅游功能，将其分为森林景观、草原景观、古树名木、奇花异卉、佳果名茶、珍奇动物六种类型。

（一）森林景观

我国森林风景资源具有非常明显的特点。由于我国幅员辽阔，经纬跨度比较大，所以森林风景资源十分丰富，包括山地、海洋、河流、湖泊、平原、丘陵等多种地貌，具有更丰富的风景资源天然载体。但我国的森林覆盖率仅为20%左右，而且南北差异十分显著。相对来讲，南方地区的森林风景资源分布较多，北方地区的森林风景资源数量较少。

梅子山森林公园位于江西省全南县县城所在地附近，总面积为1.805 1平方千米，森林覆盖率达到93.66%，地处中亚热带常绿阔叶林南部亚地带，分为梅子山景区和天龙山景区2个景区。公园虽然紧邻县城，但植被保护良好，植被以针叶林、常绿阔叶林为主。梅子山森林公园内动植物资源丰富。据野外调查和查阅文献，森林公园内有脊椎动物95种。其中，有国家Ⅰ级重点保护野生动物穿山甲，国家Ⅱ级重点保护野生动物虎纹蛙、豺、眼镜王蛇等。具体而言，有哺乳类动物20种，爬行、两栖类有11种，鸟类57种，鱼类7种。此外，森林公园内已查明维管束植物252种，其中蕨类植物23种，裸子植物8种，被子植物221种。森林公园内国家Ⅱ级重点保护野生植物有香樟、鹅掌楸、青钩栲3种。基于此，梅子山公园景区建成了集生态、休闲、养性、健身、娱乐、旅游观光于一体，展示全南形象的新窗口，游客旅游森林景观的新景点（见图4-17）。

图4-17 江西全南梅子山省级森林公园

（二）草原景观

我国草地资源较为丰富，有天然草地4亿公顷（400万平方千米），占总面积的41.7%，分布广泛，类型多样，植被、动植物资源独特，气候、人文和社会背景等丰富，草原旅游资源成为草原旅游发展的明显优势。

喀纳斯位于新疆布尔津县，距阿勒泰市西北约265千米，面积5 588平方千米，国家级自然保护区。喀纳斯在蒙古语中是"美丽而神秘"的意思。喀纳斯景区四周雪峰耸立，绿坡黑林，彩蝶纷飞，湖光山色，风光旖旎，具有极高的生态价值、科研价值和旅游价值。喀纳斯草原作为丝绸之路经济带的新兴旅游地和中国最大的国家公园，不仅是新疆景观多元性与复合性的集合体，也是我国建设国际一流旅游目的地的重点规划区。随着丝绸之路经济带与两山理论的提出，喀纳斯草原承担起带动新疆旅游业实现跨越式发展的历史重任（见图4-18）。除此之外，喀纳斯景区还有河流、森林、湖泊、高山等景观。

图 4-18 喀纳斯草原

三、生物景观的讲解技巧

生物景观的导游讲解技巧，主要分为植物景观和动物景观讲解两种。

（一）植物景观讲解

植物景观的美是从形态、色彩、气味等方面表现出来的，导游在讲解过程中，要突出树木花草的这些特点，使游客领略到这一自然之美。

1. 突出形态

大自然的花草树木，高低不同，大小不一，千姿百态，风格迥异。树形或是挺拔雄健，或是婀娜多姿。白杨树像直插蓝天的宝剑，荔枝却"树形团团如帷盖"；水杉如宝塔，雪杉却又像巨伞；松柏遒劲刚直，柳树万条丝缕。如此丰富的形态，给了游客更多的审美感受。

2. 突出色彩

花草树木以其多样的色彩，给人以愉悦的感觉。所谓姹紫嫣红，就是对植物的色彩描绘。颜色对人们的心理和生理的健康有着非常重要的作用，是衡量其美感价值的一个重要方面。

3. 突出香味

植物的茎、叶、花、果，不仅装饰了自然景观，有的还散发出沁人心脾的芳香，给人以无限欢快的嗅觉美，从而调节情绪，益于身心。浓香扑鼻的桂花，幽香缕缕的兰花，清香阵阵的梅花，它们的美跟那诱人的芬芳是分不开的。同是对梅花的描写，"暗香浮动月黄昏"的嗅觉美使其形象更加真实和生动，使美感趋于立体化。

4. 突出性能

植物除了具有审美价值，还同时具有实用价值。许多植物具有药用价值，成为中国博大精深的中草药的主要来源；有的具有经济价值，可用来制作各种生活用品及工艺品；有的还具有食用价值，成为人们餐桌上的美味佳肴。因此，需要导游在讲解中介绍给游客。

5. 突出寓意

有些植物富有深刻的寓意，易使人获得稳定而丰富的意境和多种美感。人们自古有通过植物来寄托自己感情和理想的习惯。周敦颐在《爱莲说》中说："菊，花之隐逸者也；牡丹，花之富贵者也；莲，花之君子者也。"这里指的就是花的寓意美。另外，松柏表示刚强、长寿；竹表示刚直、清高、虚心；梅表达坚骨、孤高；荷代表洁身自好。

导游在讲解中，要突出这种植物的寓意美，从而使游客在审美过程中获取更多的美的信息，并且可以达到陶冶性情、升华境界的审美目的。

（二）动物景观讲解

动物也是大自然景观的构成要素，常常与植物成为不可分离的内容，有草才有虫，有树才有鸟，动植物的存在已经成为生态平衡的重要标志。奇特珍稀的动物往往令人瞩目，成为一种奇特的景观，如峨眉山的"枯叶蝶"、四川的"大熊猫"等。除了野生动物，在人类的饲养和训练下，动物还具有表演性，如海豚水上表演、赛马等。动物景观的讲解要突出动物的奇特性和珍稀性，因为这正是吸引游客所在。

1. 突出奇特性

奇特是指动物在形态、习性等方面的奇异性与逗乐性。动物能活动、迁徙，进行种种有趣的表演，对游客的吸引力大大超过了植物。长江中下游的扬子鳄、主产于南方各地的娃娃鱼、东北的"四不像"、云南的金丝猴等，都具有很强的奇特性。

2. 突出珍稀性

特有的、稀少的，甚至濒于灭绝的动物，往往成为人们注目的中心，被列为保护动物。如武夷山的"角怪"、峨眉山的"弹琴蛙"，以及娃娃鱼、扬子鳄、褐马鸡、朱鹮、丹顶鹤、黑颈天鹅、大熊猫、白唇鹿、东北虎等，都是集观赏价值与保护价值于一身的珍稀性动物。

导游在动物景观讲解中，突出动物的珍稀性与奇特性，能使游客在感受大自然的神奇中，增长知识，体味人与自然的和谐。

【课后思考】

1. 生物景观都有什么类型？它们的特点分别是什么？
2. 结合家乡有生物景观资源的景区，创作一篇导游词。

任务四　特殊地质地貌景观讲解

【知识链接】

禄丰国家地质公园

禄丰恐龙国家级地质遗迹区坐落于云南楚雄彝族自治州禄丰县。禄丰县城距离省会昆明市约102千米，距离州府楚雄市约85千米。这个地区交通便利，成昆铁路、昆（明）大（理）铁路、安楚高速公路和滇缅公路都经过于此，因此该地区也成为连接昆明与滇西地区的交通要道。该地质遗迹区2003年被批准为国家地质公园，2005年10月揭碑开园。地质遗迹保护区面积101.44平方千米，主要地质遗迹有禄丰蜥龙动物群、禄丰古猿动物群。禄丰县是世界著名的"恐龙之乡"，是名副其实的"化石之仓"，古生物化石遗迹极为丰富。卞美年于1983年在禄丰沙湾发现亚洲第一俱侏罗纪板龙类化石——许氏禄丰龙。72年来，在禄丰县恐龙山等地发现的古生物化石已达507种，其中动物化石有290种，植物化石有217种。特别是1957年又在禄丰石灰坝发现禄丰古猿动物群后（1980年3月出土迄今世界上最完整的古猿头骨），使禄丰成为目前国内外唯一在同一小型沉积盆地内发现恐龙、古猿的地质遗迹地。众多古生物化石的发现和研究使禄丰成为研究生物起源、演化和灭绝的序列基地。2016年国土资源部发布《国家地质公园规划编制技术要求》（国土资发〔2016〕83号）文件，将云南禄丰恐龙国家地质公园内的581处地质遗迹景观划分为古生物、地质（层）剖面、水体景观、地质地貌景观等4大类，地层剖面、古人类、古动物、古生物遗迹、岩石地貌景观、河流景观等6类，全国性标准剖面、古人类化石、古无脊椎动物、古脊椎动物、古生物活动遗迹、碎屑岩地貌景观、风景河段等7个亚类（见表4-1）。

表4-1　禄丰恐龙地质公园内地质遗迹景观资源类型一览表

大类	类	亚类	地质遗迹点	数量	备注
地质（体、层）剖面大类	地层剖面	全国性标准剖面	沙湾剖面 大洼恐龙山剖面 恐龙山镇老长箐剖面	3	国家级

续表

大类	类	亚类	地质遗迹点	数量	备注
古生物大类	古人类	古人类化石	禄丰古猿化石地	1	世界级（公园外）
古生物大类	古动物	古无脊椎动物	恐龙山镇恐龙脚印馆附近	2	省级
古生物大类	古动物	古脊椎动物	主要分布于大洼恐龙山、恐龙山镇恐龙谷园区等区域，区内分布广泛	565	世界级 国家级 省级
古生物大类	古生物遗迹	古生物活动遗迹	主要为恐龙脚印地质遗迹，主要分布于恐龙谷园区内	5	世界级
地质地貌景观大类	岩石地貌景观	碎屑岩地貌景观	五台山长崖、棠海大尖山长崖	2	省级以下级
水体景观大类	河流景观	风景河段	研白河峡谷景观 龙闸坝水库 冷水箐水库	3	省级以下级

一、特殊地质地貌景观概述

山川江河大地，被历史蒙上了神秘的面纱。但是，地质地貌的演变也是有规律可循的，可从地貌类型、演化的控制因素等方面进行归纳总结。

（一）地貌类型划分

以区域大小、起伏（海拔）高度、动力条件（成因）、物质基础等几个指标为参考，已形成的划分内容如下：

依据范围大小，第一级板块地貌分为大陆和大洋；第二级区域地貌分为高原、山地、丘陵、平原、盆地；第三级局地地貌分为山脊、山麓、河谷；第四级微地貌可分为谷肩、谷坡、河床等。依据动力条件，可分为流水地貌、冰川地貌、火山地貌、构造地貌等。

（二）地貌演化控制因素

地貌是不断演化的，不是一成不变的。经典地貌理论将地貌演化的控制因素分为地质构造、岩石性质、内外营力、人类活动、经历时间五个方面。在大自然的鬼斧神工、精心雕饰下形成了许多美丽、奇特的地质地貌景观。由于游客的猎奇心理，这些特殊地质地貌景观成为他们趋之若鹜的地方。它们或瑰丽或诡异或壮观，极大地满足了游客全方位审美需求的同时，也给导游员的讲解提出了新的挑战。

二、特殊地质地貌景观类型

在地质历史长河中，特殊地貌景观的原因是复杂的。例如，地质区域构造骨架、局部构造变形、岩石自身性质、水文环境、火山地震、海蚀冰川等都会促使千奇百怪的地貌景观的形成，一些观赏价值较高的就成为重要的旅游资源。主要类型有岩溶景观、黄土景观、风沙景观、火山景观、冰川景观、湿地景观以及海岸景观。另外，随着我国地质公园建设的要求将地质学、地貌学知识与景观特色相结合，需要从景观的角度对具有不同特色的地貌进行分类，同时这样的分类还需体现大众科普的意义。2016年国土资源部发布《国家地质公园规划编制技术要求》（国土资发〔2016〕83号），文件中将地质遗迹类型划分为地质（体、层）剖面大类、地质构造大类、古生物大类、矿物与矿床大类、地貌景观大类、水体景观大类、环境地质遗迹景观大类，共计七大类。其中，地貌景观包含岩石地貌景观、火山地貌景观、冰川地貌景观、流水地貌景观、海蚀海积景观、构造地貌景观。

三、特殊地质地貌景观的讲解技巧

导游如果想把特殊地貌景观讲解好，必须掌握特殊地貌景观讲解的基本要求。

（1）能根据景观特征辨别和判断不同的地貌景观，千万不要张冠李戴、指鹿为马。这样会让游客觉得导游很不专业，从而对导游失去信任感。

（2）概要掌握不同地貌景观的成因机理，能用简明扼要的语言向不同的游客讲解介绍。由于每种特殊地貌的成因不尽相同，在向游客介绍的过程中，切忌做报告似的长篇大论，数据、理论一大堆，不仅易让游客听得云里雾里，也会让导游员费力不讨好，所以讲解成因时以简明扼要为佳。

（3）根据不同的地貌景观，结合旅游文学作品向游客讲解，引导游客产生审美联想。各类特殊地貌在拥有天赋的自然美的基础上，加上千百年来人类的开发与保护、文人墨客的诗词歌赋、僧侣高人的驻足停留、民间流传的神话传说等，都会使它们散发出更为绚丽的光彩。

因此，导游在讲解的过程中，要充分重视挖掘其中的人文内容，从而不落俗套。

【课后思考】

选择我国的一处地质公园，依据2016年国土资源部发布《国家地质公园规划编制技术要求》（国土资发〔2016〕83号）文件，对应找出公园内有哪些地貌景观。

项目五　人文景观讲解

【导言】

人文景观的垄断性和不可再生显示了其独特的魅力，同时人文景观作为文化的承载体而存在，人文景观的赏析与自然景观存在较大差异。要讲解好人文景观，导游应全面提升自身知识水平，并灵活运用导游语言，以通过现象启发游客发现其内在文化美。

【学习目标】

学习本项目后，了解人文景观与自然景观之间的区别，了解人文景观突出的文化内涵，掌握人文景观导游讲解的语言要求和方法；掌握中国主要人文景观的类型和景区的相关知识；掌握人文景观导游词创作的基本方法；能够解决讲解过程中的常见问题；培养爱国主义情操和文化自信。

【学习重点】

1. 人文景观的类型。
2. 中国重点人文景观的相关知识。
3. 人文景观导游词创造技巧。

【学习难点】

1. 人文景观的导游讲解技巧。
2. 人文景观的审美技巧。
3. 人文景观内涵的探究。

【案例导入】

北京故宫是中国明清两代的皇家宫殿，旧称紫禁城，位于北京中轴线的中心。故宫以三大殿为中心，占地面积约72万平方米，建筑面积约15万平方米，有大小宫殿70多座，南北长961米，东西宽753米，四面围有高10米的城墙，城外有宽52米的护城河，真可谓有金城汤池之固（见图5-1）。紫禁城有四座城门，南面为午门，北面为神武门，东面为东华门，西面为西华门。城墙的四角，各有一座风姿绰约的角楼，民间有九梁十八柱七十二条脊之说，形容其结构的复杂。紫禁城内的建筑分为外朝和内廷两部分。外朝的中心为太和殿、中和殿、保和殿，统称三大殿，是国家举行大典礼的地方。三大殿左右两翼辅以文华殿、武英殿两组建筑。内廷的中心是乾清宫、交泰殿、坤宁宫，统称后三宫，是皇帝和皇后居住的正宫。其后为御花园。后三宫两侧排列着东、西六宫，是后妃们居住休息的地方。东六宫东侧是天穹宝殿等佛堂建筑，西六宫西侧是中正殿等佛堂建筑。外朝、内廷之外还有外东路、外西路两部分建筑。

图 5-1　北京故宫

"故宫博物院"既是明清故宫（紫禁城）建筑群与宫廷史迹的保护管理机构，也是以明清皇室旧藏文物为基础的中国古代文化艺术品的收藏、研究和展示机构。"故宫博物院"院藏文物体系完备、涵盖古今、品质精良、品类丰富。现有藏品总量已达 180 余万件（套），以明清宫廷文物类藏品、古建类藏品、图书类藏品为主。藏品分为 25 个大类别，其中一级藏品 8 000 余件（套），堪称艺术的宝库。故宫博物院绝无仅有的独特藏品，是世界上规模最大、保存最完整的紫禁城木结构宫殿建筑群。它是中华民族的骄傲，也是全人类的珍贵文化遗产。如今，昔日皇宫禁地那占地 78 万平方米的重重宫阙，既是收藏明清皇室珍宝的巨大宝库，也是记载明清宫廷历史的鲜活档案。

思考：北京故宫的文化内涵体现在哪些方面？收集故宫导游讲解的基本素材。

任务一　古建筑景观讲解

面对自然景观，游客很容易能感受到大自然的美妙，但人文景观不一样，一段城墙、一座寺庙、一个遗址，如果没有人讲解或者讲得平淡，游客就会觉得索然无味。因此，人文景观的讲解更加考验导游的基本功，不仅要让游客听得懂，还要把景观背后的历史与文化展现出来，让静止的人文景观变得鲜活生动起来。

一、古建筑景观概述

古建筑是指历史悠久、具有代表性和独特风格的建筑物。它们通常有特定的历史时期和文化背景，有着当时社会、政治、经济和宗教等方面的特征。古建筑通常具有独特的建筑风格、工艺技术和艺术表现形式，体现了古代人民的智慧和创造力。

古建筑可以是宫殿、寺庙、陵墓、城墙、园林等不同类型的建筑物。它们往往以独特的建筑形式、精湛的工艺技术和丰富的装饰艺术著称。古建筑的设计和构造往往注重与自然环境的融合，追求与自然和谐相处的理念。此外，古建筑还承载着丰富的文化内涵和历史故事，是研究历史、艺术和文化的珍贵资源。古建筑作为文化遗产的一部分，具有重要的历史、艺术和科学价值。为了保护和传承古建筑，许多国家制定了相关法律和政策，并采取了各种措施进行修复、维护和管理。同时，古建筑也成为旅游景点和文化交流的重要场所，吸引了众多游客前往参观和学习。

二、古建筑的类型

古建筑按功能划分可以分为七大类。第一类，宫殿建筑，最典型的是北京故宫；第二类，民居建筑，老百姓住的房子，如北京四合院，福建土楼，贵州的吊脚楼、石板房等；第三类，坛庙建筑，祭祀用的，像北京社稷坛、太庙、山东曲阜孔庙等；第四类，宗教建筑，少林寺、白云观、莫高窟等；第五类，园林建筑，颐和园、承德避暑山庄、苏州园林；第六类，陵墓建筑，现存比较完好的是明清两代陵墓，像明十三陵，清东、西陵；第七类，防御建筑，以长城为代表。

三、古建筑的组成

古建筑由屋顶、屋身、台基三部分组成。

为了让屋顶排除雨水，绝大多数都采用坡屋顶，即有一个坡度。不同的屋顶暗藏着这座建筑的等级信息，屋顶有庑殿顶、歇山顶、悬山顶、硬山顶、攒尖顶几种类型。

故宫里面的弘义阁，是专门收存金银珠宝的地方，它是庑殿顶。这种顶有一条横脊，叫正脊，四边还有几条斜的脊叫垂脊。庑殿顶是四条垂脊分出来四面坡，所以概括起来就是一条正脊、四条垂脊、四面坡。

歇山顶，也有一条正脊、四条垂脊，与垂脊相连的叫戗脊，也有四条，所以是由一条正脊、四条垂脊、四条戗脊组成（见图 5-2）。一般寺庙中的大殿，大雄宝殿，皇家建筑中的次重要建筑，如故宫东西六宫，妃子们住的地方，用的都是歇山顶。

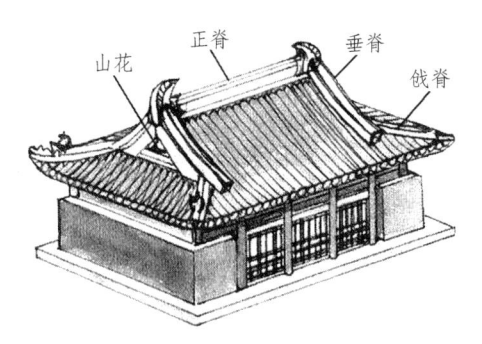

图 5-2 歇山顶

再看悬山顶（见图 5-3）、硬山顶（见图 5-4），这两种顶有些相似，因而放在一起讲。这两个屋顶也是由一条正脊、四条垂脊组成的，是几面坡呢？只有两面。所以庑殿顶四面坡，悬山顶、硬山顶两面坡，歇山顶是两面坡和四面坡的混合。大家再仔细看一下这组示意图，能看出他们的差异吗？好像不太明显，我们再看一组实物图，看房屋两侧的山墙，硬山顶是两侧山墙直逼屋顶，与屋檐齐平，而悬山顶的山墙往内缩，屋檐伸在山墙外，这两种屋顶都用在民居建筑上。

图 5-3 悬山顶

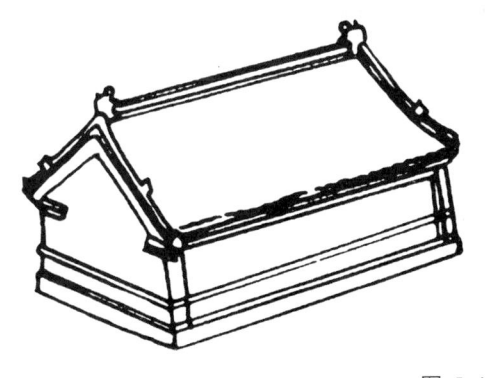

图 5-4 硬山顶

最后一种攒尖顶：屋面在顶部交会，形成一个尖顶，这是天坛祈年殿，圆形攒尖顶，除了圆形，还有三角、四角、五角、六角、八角等式样，常用于亭、榭、阁、塔等建筑。

刚才我们讲的是屋顶的类型，屋顶还有一个层数，也就是单檐和重檐。我国古代等级制度森严，什么级别用什么顶是非常讲究的。清朝时期，庑殿顶只能用于皇家和孔子的宫殿，其中又以重檐庑殿顶最为尊贵，是中国古代建筑中等级最高的屋顶形式，如太和殿，是皇帝登基和举行大典的地方，用的就是重檐庑殿顶。其次是重檐歇山顶，如故宫保和殿、天安门，然后排下来是单檐庑殿顶—单檐歇山顶—悬山顶—硬山顶。

【知识链接】

太和殿是最高等级的重檐庑殿顶宫殿。殿顶正脊两端的大吻，各由 13 块琉璃构件组成。每条檐角上都列队站着琉璃仙人和神兽，分别是龙、凤、狮子、天马、海马、押鱼、獬豸、狻猊、斗牛、行什。平面布局以大殿（太和殿）为主体，取左右对称的方式排列诸殿堂、楼阁、台榭、廊、亭轩、门阙等建筑，殿堂建筑以木构架支撑，都柱底下有石柱础，砖修墙体北、西、东三面维护，坐北朝南，上盖金黄色琉璃瓦屋顶。三大殿装饰色彩，屋顶多用金黄色，立柱门窗墙垣等处多用赤红色装饰，檐枋多施青蓝碧绿等色，衬以石雕栏板及石阶之白玉色。太和殿长 64.24 米，宽 37 米，面阔 11 间，进深 5 间，总共 55 间。建筑面积 2 377 平方米，高 26.92 米，连同台基通高 35.05 米，72 根大柱，其中六根是缠龙金柱。太和殿是中国许多重要历史事件的发生地，见证了影响历史走向的政治事件，也见证了中国的兴衰与新生，不仅是一幢较为出名的木构建筑，还是一个见证者。太和殿是中华民族智慧的结晶，除了奇异、独特的设计布局以及众多的珍宝外，它的坚固程度也较为出名。太和殿建成以后，遭遇过多次大地震，依然完好。

接下来我们看下屋身，屋身有几大基础构件，柱梁檩椽，台基上是立柱，柱子上架着的叫梁，梁上驮的是檩，檩子上密集排列的叫椽，椽上再盖瓦或茅草就变成了屋顶，然后在柱间砌墙和开门窗，这样一个房屋就完成了。

四、古建筑景观的讲解技巧

古建筑讲解最大的特点体现为文化内涵的专业性，建筑本身就是一门专业，因此在进行导游讲解时要具备基本的建筑学知识，结合旅游审美将古建筑文化内涵传递给游客。

（一）讲得通俗易懂

对大部分游客来说，建筑本身是不太好看懂的一种景观，比较枯燥，所以我们要灵活地解释。比如讲青岩的民居，它有一个特点是雀替呈蝴蝶或蝙蝠形，挑檐枋是象鼻形，寓意"福相"，表达老百姓对美好生活的向往。但如果我们直接这么说，游客很可能听不懂，雀替、挑檐枋是什么？所以要换成游客能明白的表述，可以这样讲："大家看屋檐下有两个图案，一个是象鼻子，另一个像蝴蝶或蝙蝠。象鼻子这个部件，建筑上叫雀替，用来和柱子共同承受上部的压力，不过我们青岩民居屋檐下的雀替，承重价值不大，主要起装饰作用，和蝴蝶或蝙蝠放在一起，寓意'福相'，表达老百姓对美好生活的向往。"这样讲解，既通俗易懂，也普及了建筑常识。

（二）讲特色

特色即这个建筑有没有什么独特性？比如说文昌阁，是一种传统祭祀建筑，传说中有掌管文运功名的神仙，能保佑一方文风昌盛。所以很多地方都有建。前面我们古建筑基本知识里说过，阁用的是攒尖顶，有三角、四角、五角、六角、八角，但贵阳的文昌阁却是九角攒尖顶，在全国都罕见，这就是它的特色。

（三）讲文化内涵

导游不仅要带游客看懂建筑，感受形态美，更要透过建筑向游客展现一段历史，传递一种理念。还是接着讲贵阳文昌阁，它是建在老东门城墙之上，三层三重檐木结构的阁楼，底层平面是方形，二、三层都是九角形，一共有81根梁、54根柱，很多导游都会讲这些。但如果只讲这些，文昌阁的文化内涵还是没有说清楚。为什么要建在老东门？这些数字之间有什么联系？

文昌是南斗星，南方五行属火，根据五行相生，木生火，东方属木，所以一般文昌阁都建在东门或东南城门上。另外，贵阳东门是全城的最高点，建阁于此，居高临下，俯瞰全城，暗含"万般皆下品，唯有读书高"的寓意。

和文昌阁相关的数字，不是3就是9。《史记》天官书中记载，天体中的文昌星，不是1颗，而是6颗。6是3的倍数，我国古代认为3是"数之成"，即数的开始，"9"是"数之终"，最大的数。设计阁楼的工匠，可能是有意用3和9米组成整个阁楼的结构，既体现"文昌星"的特点，也希望贵阳文运亨通、人才辈出。

【课后思考】

1. 梳理中国各省、市、自治区的著名古建筑景观。
2. 结合本省的古建筑，创作一篇古建筑景观的导游词。

任务二 宗教景观讲解

【知识链接】

我国最伟大的佛教旅行家是谁？我国有许多僧人不远万里西行取经。他们或孤身西进，或三五成群结伴西游。有的人因各种原因半途而废，有的人则为信仰而捐躯异域，更有人战胜种种艰难险阻，终于达到目的，取得经卷，最后回归故里。在这些人中，成就和声名最为显赫的，就是东晋沙门法显。公元 399 年，法显已经 50 多岁。他邀约慧景、道整、慧应、慧嵬等 4 人，一同从长安出发，西行取经。他们途经西秦、南凉等地，到了敦煌；又越过上无飞鸟、下无走兽，沿途只有死人枯骨的沙漠，到达了鄯善国。公元 401 年，法显来到西域佛教重镇之一的于阗国。他在这里详细地考察了佛教流行的情况，观看了为庆祝佛诞而举行的盛大佛像游行仪式。随后，又在 402 年翻越群山峻岭，进入北印度境内。法显在印度游历了许多地方，访问了许多佛教圣地，学习了当地的语言文字，抄写了许多佛教经典，最后于 409 年离开印度，坐船来到狮子国（今斯里兰卡）。他在狮子国留住两年，搜求到一些佛教经典，搭乘商船，取道回国。回国途中他遇到风暴，船在海中漂泊 90 余日，后来漂到了南洋群岛的耶婆提国（今印度尼西亚）。在此停留了 5 个月后，再次搭船向广州进发。经过艰难的 3 个月海上航行，最后在青州长广郡牢山（今山东省崂山）登陆。这时已经是公元 412 年了。次年，他从陆路南下回到建康。法显还把自己的游历经过写成文字，被后人称为《佛国记》或《法显传》。此书记述了当时我国西北地区以及印度、巴基斯坦、斯里兰卡、印度尼西亚等国的地理形势、物产风俗，以及各地宗教状况，是研究中亚、南亚诸国社会历史、经济状况、文化风俗和宗教信仰的宝贵资料，近代以来受到国际学术界的重视。特别是法显的无畏精神，为世人所赞扬。由于他所取得的成就和对人类文化发展做出的贡献，因而被誉为 5 世纪初的伟大的旅行家。

宗教名胜景观是游客观赏的重要内容之一，许多宗教场所往往位于自然风景优美的地方。宗教与旅游有着天然的密切联系。世人公认的近代旅游开山之举——1841 年 7 月，英国传教士托马斯·库克包租火车团体出行，就是为了组织人们参加宗教意义的禁酒大会，其实质正是一次宗教旅游活动。在今天，宗教对于旅游产业的影响更加多样和深刻。

一、宗教景观概述

宗教是人类社会发展到一定水平出现的一种社会意识形态和社会文化历史现象。宗教是一种文化现象，凡能够产生吸引力，为旅游业所开发和利用的，宗教建筑、教义、经典、艺术、文学等及其周边环境，都可称为宗教景观。

二、宗教景观的主要类型

从本质上来看，宗教景观属于文化景观的范畴，国内对宗教景观的研究集中在宗教景观与自然环境的关系的讨论上。宗教景观按存在形式来分，可以分为以下两类：

（1）物质的宗教景观。包括：宗教圣地、祭典场所、丧葬场所等，对宗教圣地分布、宗教建筑与教义和自然人文环境的关系是研究重点。

（2）非物质的宗教景观。集中在阐释宗教信仰、宗教仪式、宗教群体和组织等与地理环境的关系上。

三、宗教旅游景观的旅游动机

宗教旅游景观的旅游动机首先是对宗教建筑特色、周边的山川景观、宗教文化、宗教艺术品鉴赏等的观光和猎奇心理；其次还有精神层面的需求，主要有情感满足型、艺术享受型、天人合一型、压力释放型等（见图5-5）。

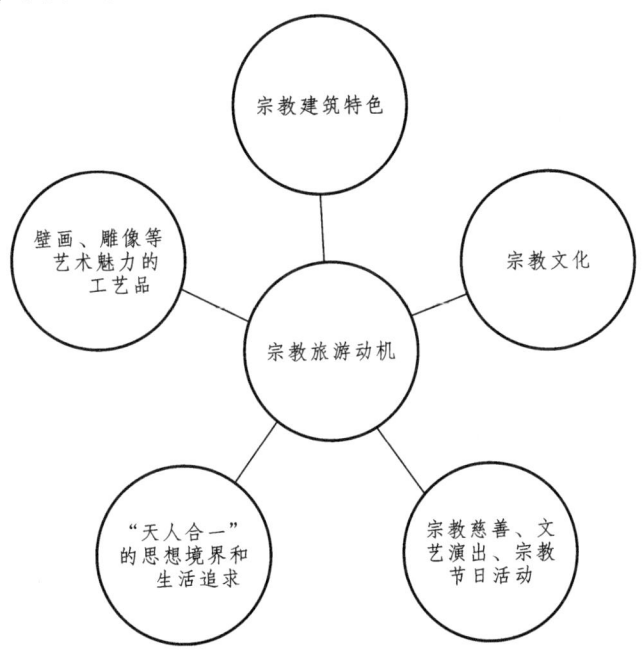

图 5-5 宗教旅游动机

四、宗教景观与旅游

从旅游的角度讲，宗教景观的人文之美浸润于自然山水、历史遗迹、民族风情、城乡风光、社会风尚等构景要素中，并表现出形态美、生态美、色彩美、韵律美、动态美、意境美等各种美的姿态。宗教和旅游一直有着非常天然的紧密联系，宗教文化既蕴含着丰富的旅游资源，同时也是构筑我国传统文化的重要基石。在我国已经公布的国家级风景名胜区中，宗教类景区占景区总数的46%。《"十三五"旅游发展规划》中首次对我国旅游行业的发展给予了政策性指导意见及相关法规条文，文化旅游成为未来中国旅游大力推进的方向，这对于作为我国文化旅游多业态环节中一环的宗教旅游有着较为积极的影响。

进入现代社会，宗教与旅游的联系也变得更加紧密。首先，在漫长的历史进程中，宗教创造了灿烂的精神文化和辉煌的物质文明，宗教圣地本身往往具有优美的自然风光和独特的人文景观，很多宗教景区因此成为世界文化和自然双重遗产。可以认为，宗教蕴藏着丰富的旅游资源，旅游则能促进这一资源价值的实现，将其转化为现实的旅游产品。

其次，旅游这一新兴产业的兴旺发达，不仅有利于修复和保护古老的宗教遗产，还能有力推动宗教健康发展；宗教的健康发展反过来又赋予旅游新的文化内涵和开发领域。

最后，宗教与旅游还有深层的内在联系。在社会压力日益增大的今天，旅游在某种程度上是人们对现实生活的厌倦与逃避，逃离日常的世俗世界，到外面去寻求一种真实的、属于自己的心灵家园。宗教旅游一定程度上满足了现代人这一方面的心理需求。

五、宗教政策及相关法律法规

中国公民的宗教信仰自由权利受到宪法和法律的保护。法律规定，公民在享有宗教信仰自由权利的同时，必须承担法律所规定的义务。在中国，任何人、任何团体，包括任何宗教，都应当维护人民利益，维护法律尊严，维护民族团结，维护国家统一。这与联合国人权文书和公约的有关内容是一致的。

在国家依法保护正常的宗教活动，维护宗教团体、宗教活动场所和信教公民的合法权益的同时，导游和讲解员要依法打击和制止利用宗教进行的危害国家安全、公共安全等违法犯罪活动，抵御境外利用宗教进行的渗透。

我国宗教具有长期性、群众性、民族性、国际性、复杂性五个主要特征。理解长期性，要充分认识我国宗教在社会主义时期将长期存在，必须树立长期工作的观念，着眼长远、立足现实、积极引导；理解群众性，要深刻理解宗教是一种群众性的社会现象，宗教工作的本质是群众工作；理解民族性，要深刻理解宗教在一些民族中有着广泛而深刻的影响，尊重各民族的宗教信仰和风俗习惯，善于观察民族问题与宗教问题的区别和联系；理解国际性，要深刻理解宗教问题的国内因素与国际因素相互影响，积极开展宗教方面的对外友好交往，坚决抵御境外利用宗教进行渗透；理解复杂性，要深刻理解宗教与政治、经济、文化、社会等因素紧密关联，在宗教领域，历史矛盾与现实问题相互交错，对抗性矛盾与非对抗性矛盾相互交织。

六、宗教景观的讲解技巧

（1）宗教是一种文化，要树立文化自信，正确引导和讲解。

宗教文化中的各种经典著作浩如烟海，其教义博大精深，玄妙深邃。而中国许多宗教景观中的建筑、雕塑、绘画、书法、文学、音乐、陈设、法器、饮食、园林、文物、碑刻、民俗等无不折射出中国宗教文化的光彩，蕴含着中华民族文化的特色。因此，要正确树立对待宗教的文化自信，遵守我国宗教的相关政策和习俗，正确引导游客从文化的价值取向去探索宗教文化的博大精深。

（2）导游讲解宗教不是宣传迷信，要分清界限。

在旅游中导游讲解宗教知识，不是宣传迷信。博大的中国宗教文化，在于它在中国传承了两千余年，并和中华民族文化相交融，因此应从文化的角度讲解宗教知识。党和政府的宗教政策保护了旅游的客体，为旅游提供了人文资源，也给导游指明了方向，指导导游怎样去宣传和讲解宗教知识。

（3）掌握宗教政策，合法合规进行讲解。

学习和掌握我国的宗教政策，了解相关情况；认真分析接待计划，了解接待对象的宗教信仰，并对该宗教的教义教规等情况进行事先准备，以免在接待和讲解中发生差错；在具体接待时，对这类人士的参观游览、社交活动和生活方面的特殊要求早做准备，认真落实，以免处理不当而引起误会；向饭店服务人员及其他有关人员讲解接待对象的宗教习惯和戒律，提醒他们注意尊重客人的宗教信仰；不要向游客宣传无神论，避免涉及有关宗教问题的争论，更不要把宗教与政治、国家之间的问题混同在一起，随意评论。

（4）宗教知识讲解时，侧重文化艺术方面的讲解。

宗教具有敏感性，中国实行的是宗教信仰自由制度，但也有相关规定，导游要领悟国家的宗教政策，不仅要做到有理、有节、合法，而且要做好导游服务。导游讲解宗教文化的时候，尽量侧重文化艺术方面的讲解，如宗教建筑、壁画、雕像、园林、节庆活动等客观载体。

【导游词鉴赏】

塔尔寺现有各类建筑9 300余间，殿堂25座，占地600余亩（0.4平方千米），成为一座著名的藏传佛教寺院，他是青海最大的寺院，于1961年3月4日被评为第一批 4A 级旅游景区。政府一直重视塔尔寺建设，多次拨款修葺，使之具有了今天的壮观恢宏的气势。游览塔尔寺主要有以下一些主要看点。

第一，塔尔寺主要建筑及参观游览的景点众多，进入塔尔寺大家首先看到的是如来八塔，依次向东是莲聚塔、菩提塔、初转法轮塔、降魔塔、降凡塔、息诤塔、祈寿塔、涅槃塔。之后参观的是小金瓦寺，也叫护法神殿，然后依次是时轮大塔、祈寿殿、印经院、时轮坛城等，接着主要参观大经堂。大经堂是整个寺院最大的殿宇，紧接着是参观寺院的厨房、依怙殿、医明学院、释迦佛殿、塔尔寺的主殿大金瓦寺，塔尔寺最早的建筑弥勒殿、九间殿、达赖遍知殿、时轮学院、密宗学院、大拉让以及神秘的酥油花馆等。

第二，我们可以欣赏到塔尔寺鲜明的建筑风格。它主要以藏式建筑为主，又兼有汉式建筑和地方建筑的风格。整个建筑依山而建，错落有致，殿宇经堂，金碧辉煌。

第三个看点是什么呢？当然是藏传佛教。朋友们到了塔尔寺还可以了解神秘的活佛转世制度，参观游览反映传统文化的四大扎仓，考察宗教色彩浓郁的四大法会。

最后一个看点呢？是塔尔寺的艺术三绝：酥油花、壁画、堆秀。尤其是奇特的酥油花，可谓是塔尔寺的文化艺术代表。

【课后思考】

1. 结合贵州省的宗教景点，创作一篇宗教景观的导游词。
2. 在宗教讲解时如何避免涉及迷信或邪教的内容。

任务三 民族文化景观讲解

【知识链接】

同世界其他国家的文化相比，中国文化具有连续性，并没有产生过断档，也没有发生过跳跃。中国文化既具有统一性，也带有多样性；既具有一定的封闭性，也存在着巨大的包容性。正是这些看似冲突，实际却相辅相成的特点，孕育出了中国传统文化的精华。中华文明突出的连续性，从根本上决定了中华民族必然走自己的路。如果不从源远流长的历史连续性来认识中国，就不可能理解古代中国，也不可能理解现代中国，更不可能理解未来中国。不忘本来才能开辟未来。善于把弘扬优秀传统文化和发展现实文化有机统一起来，紧密结合起来，从而在继承中发展、在发展中继承。

民族文化是中华文明的重要组成部分，文化是民族的重要特征，是民族凝聚力、生命力、创造力的重要源泉。我国是一个多民族、多元文化的国度，中华文化博大精深、多彩绚丽，每一个民族不论大小，都对中华文化的形成和发展作出了独特贡献，每一个民族的文化，都是中华民族的共有精神财富。

一、民族文化概述

民族文化，一般理解为是某一个民族的文化，例如中国有56个民族，其各自的文化就是民族文化；还有就是中华民族文化，这是对一个多民族国家而言的。民族文化是丰富多彩的，是一个永久的话题，因此人们都试图给它下定义。关于文化的定义，学者们的定义较多，据说有上百种之多，但人们用得比较多是泰勒的定义。泰勒认为：文化是一个复杂的整体，包括知识、信仰、艺术、道德、法律、风俗，以及作为社会成员的个人而获得的任何能力——习惯。

民族文化中蕴涵的优秀精神品质可以在经过动态解读之后，与现代思想相结合，在形成民族精神的过程中起到非常深刻又非常直接的作用。不论是中华民族历史上形成的哲学、政治、道德观念，还是它所创造的音乐、绘画、书法、舞蹈等艺术作品，或者是它在建筑艺术、园林艺术、风俗习惯中所凝结的审美意识等，都可以汇聚成人们自身的素养，逐渐积淀为民族心理、民族品格，使我们的民族获得持续不断的精神力量，而不至于因为精神力量的疲软或坍塌失去生存与发展的动力。

民族文化中作为其中最具有民族性、最富于艺术特征的部分，如古典绘画、古典音乐、古代书法、古典建筑等，不仅包含民族特有的审美观念、审美表现意识，而且包含理解自然、理解人生，明智地处理人与自然、人与社会之间关系的许多有益的启迪。这些启迪在现代化程度比较发达的今天，不仅没有失去意义，反而彰显出它的不朽价值。

二、民族文化的主要类型

民族文化包括的内容非常广泛，它是一个民族在长期共同生产生活实践中产生和创造出来的能够体现本民族特点的物质、精神财富的总和。具体来说，民族文化可以分为物质文化和精神文化两大类。

物质文化：包括饮食、衣着、住宅、生产工具等，这些都是人们日常生活中直接接触和使用的物品，反映了民族的生活方式和生产方式。

精神文化：包括语言、文学、音乐、舞蹈、绘画、雕塑、建筑、服装、食品、节日、风俗等方面的文化。这些内容更多地涉及民族的精神世界和价值观念，如语言和文学反映了民族的思维方式及知识传承，音乐和舞蹈反映了民族的情感表达及审美情趣，节日和风俗则体现了民族的传统及信仰。

民族文化不仅反映了该民族历史发展的水平，也是各民族在其历史发展过程中创造和发展起来的具有本民族特点的文化。通过这些文化内容，我们可以深入了解一个民族的历史、文化传统、社会结构和价值观念。语言是民族文化的重要组成部分，同时也是民族文化的表现形式。如历史、文学（包括口头文学）、历法、医药、科学技术等，都是用一定的语言表现出来的。

宗教在不同的社会历史时期对精神文化的其他方面起着不同的作用。在早期的阶级社会中，宗教对文化的影响很大，波及人们社会生活的许多方面。随着社会的发展，宗教在民族文化中的影响逐渐减弱。

民族文化作为意识形态是一定社会政治、经济的反映，在阶级社会中，每一种民族文化中都有剥削阶级的与被剥削阶级的两种文化，反映着两个对立阶级的利益、思想和世界观。在社会主义社会，民族文化是具有社会主义内容和民族形式的新文化。

【知识链接】

我国少数民族著名的三大史诗

《格萨尔王传》是藏族民间说唱体长篇英雄史诗，长达 1 000 多万字，是当今世界最长的说唱史诗。史诗塑造了以格萨尔王为首的英雄群体，降妖伏魔，抑强扶弱，为人民谋幸福的故事。

《江格尔》是流传于蒙古族聚居区的说唱史诗，反映的是以江格尔为首的勇士们，用超人的智慧和非凡的才能，不断战胜周围部落的入侵，建立了以奔巴为核心的美好家园的故事。

《玛纳斯》是柯尔克孜族著名的传记性史诗，可用 20 多种曲调演唱，通过玛纳斯子孙 8 代的活动和遭遇，叙述了古代柯尔克孜族抗击侵略、争取自由的毫不屈服的顽强精神，以及渴望幸福生活的理想和愿望。

三、民族文化景观与旅游

民族文化景观资源是各民族人民劳动和智慧的结晶，包括各个民族在语言、信仰、服饰、饮食、居住、娱乐、节庆、礼仪、婚恋、生丧、生产、生活等方面特有的，吸引游客的各种传统文化和习俗。

（一）建筑文化景观

少数民族的建筑特色丰富多样，不同民族因其地理环境、生活方式和文化传统的差异，形成了各具特色的建筑风格。以下是一些少数民族的建筑特色：

（1）苗族吊脚楼：通常建在倾斜度较大的山坡上，一般分为三层，底层饲养牲畜，中间住人，上层放杂物。这种建筑造型轻盈活泼，格调清新，极富地区特色。

（2）侗族干栏式民居和鼓楼：干栏式民居前半部分是全家休息或从事手工劳

动的地方，后半部分是内室。鼓楼是侗寨特有的民俗建筑物，是团结的象征，也是侗寨的标志。

（3）布依族石板房：以石条或石块砌墙，天然石板盖顶，风雨不透，冬暖夏凉。房内除了椽子和横木是木料，其余全是石料制成的。

（4）傣族建筑：主要有以西双版纳傣族民居为代表的优美灵巧的干栏式建筑，以元江、红河一线傣族民居为代表的厚重结实的平顶土掌房，以及典雅富丽的佛寺建筑。其特点为融于自然、顺应自然、表现自然。

（5）藏族碉房：多为石木结构，外形端庄稳固，风格古朴粗犷。一般分为两层，底层为牧畜圈和贮藏室，二层为居住层。

（6）蒙古族蒙古包：蒙古族等游牧民族传统的住房，易于拆装，便于游牧。

此外，还有彝族的土掌房、哈尼族的蘑菇房、维吾尔族的土木结构平房以及白族的艺术建筑等，都体现了各民族独特的建筑风格和智慧。这些建筑不仅具有实用价值，更是各民族文化的重要载体。

（二）服饰文化景观

服饰是人类生存、生活的基本要素，凝聚着劳动人民的匠心与创造力。服饰文化是一个民族在生产、生活中不断积累、创新而传承下来的民族记忆和印记。下面简单介绍几个民族的服饰特征：

1. 维吾尔族

维吾尔族男性常穿袷袢。这是一种过膝、宽袖、无领、无扣的长外衣，常选用黑、白、蓝、灰等颜色，装饰方面注重采用彩色条状绸，如切克曼和拜合散。女性服饰则以连衣裙为主，常用鲜艳的丝绸或毛料裁制，色彩丰富，常见的有红、大绿、金黄等。裙子多为筒裙，裤子裤脚肥大，裤长及踝骨，多用彩色印花布料或彩绸缝制（见图5-6）。

图5-6 维吾尔族服饰

2. 傣　族

傣族是云南省特有的少数民族，因所在地热带气候和山林丰富的特点，服饰展现了淡雅美观的风格。

傣族男子通常穿着朴实的无领对襟或大襟小袖短衫，搭配长管裤和包头巾，色彩以白布、水红布或蓝布为主。傣族妇女的服饰因地区不同而有差异。一般可见的穿着包括紧身内衣、紧身短衫，搭配彩色筒裙和精致的银质腰带（见图5-7）。傣族女性爱留长发，喜欢用各种饰物如鲜花、头巾、高筒帽点缀。

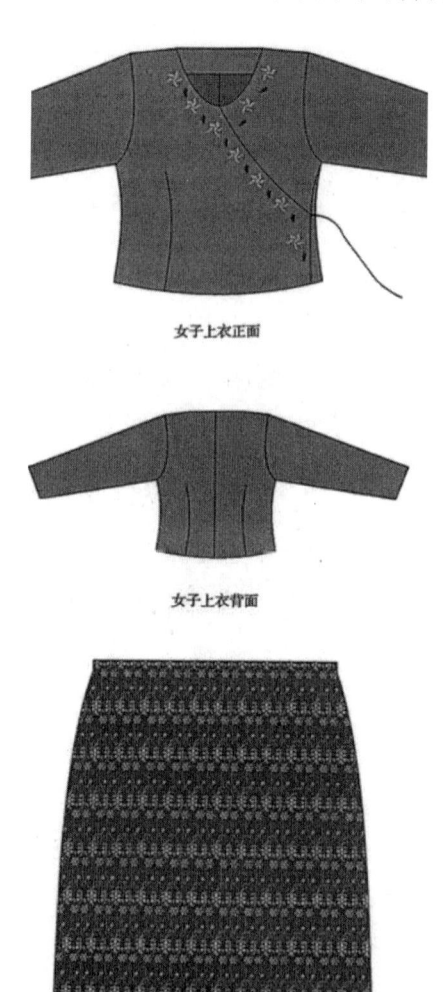

女子上衣正面

女子上衣背面

水傣裙

图 5-7　傣族服饰

3. 侗　族

侗族分布在贵州黔东南苗族侗族自治州，其服饰风格多姿多彩，款式繁多。

侗族人平时穿着便装，节日庆典时则盛装出席。根据侗族女子服装特点，可将侗族服装分为紧束型裙装、宽松型裙装和裤装。女性梳妆打扮时，常见的头饰是用红头绳扎住飘逸长发，搭配黑纱帕，再配以银簪、银梳以及银盘花、银头冠等各种银饰，展现出独特的美感（见图5-8）。

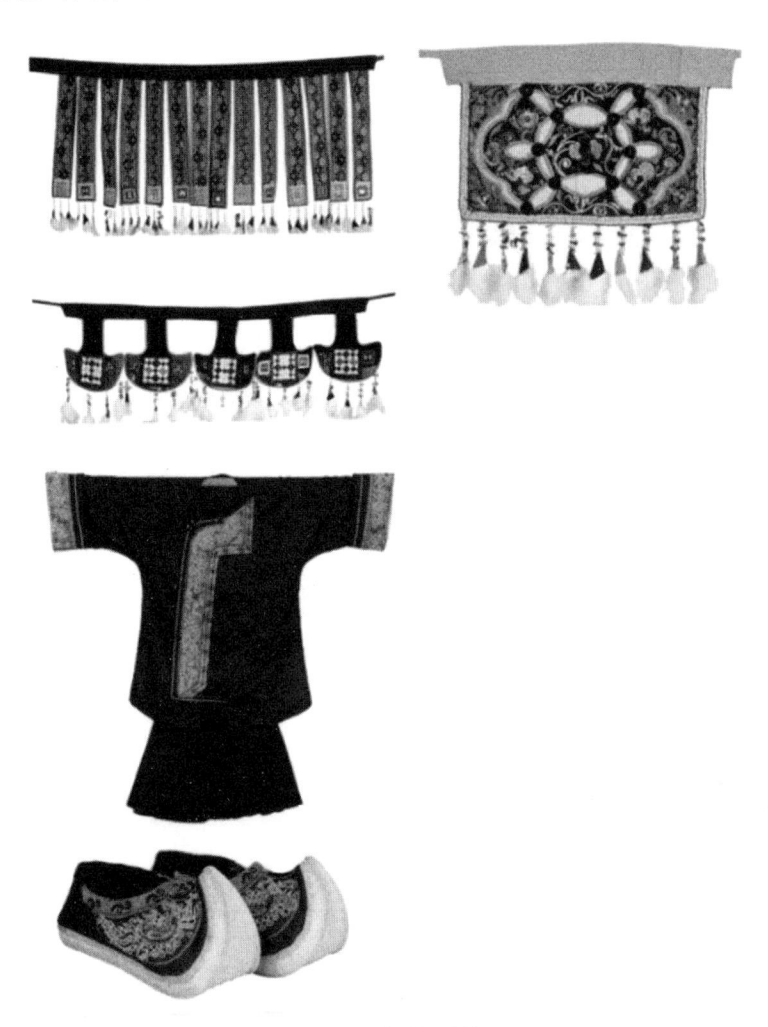

图 5-8　侗族服饰

除以上民族外，中国其他民族皆有自己的民族特征和审美意识。这是每个民族特有的，是在大自然和社会生活中凝结的智慧的体现。

（三）饮食文化景观

中国幅员辽阔，56个民族地域分布、文化传统各异，饮食更是特色鲜明。蒙古族的烤全羊、藏族的酥油茶、满族的萨其玛、朝鲜族的泡菜、苗族的酸汤鱼、布依族的五色花米饭、彝族的坨坨肉、土家族的腊肉等。不同的自然环境与地理条件下孕育出了极具地域特色与民族风情的美食文化。

（四）歌舞文化景观

中国的 56 个民族能歌善舞，每个民族都有自己独特的文化和艺术表达方式，而歌舞就是民族文化中最耀眼的瑰宝。

（1）侗族大歌，是侗族地区一种多声部、无指挥、无伴奏、自然和声的民间合唱形式。2009 年，侗族大歌被列入人类非物质文化遗产代表作名录。在法国巴黎金秋艺术节上，贵州从江县小黄村侗族大歌一经亮相，技惊四座，被认为是"清泉般闪光的音乐，掠过古梦边缘的旋律"。

（2）苗族飞歌流传于黔东南州凯里市、剑河县、雷山县、台江县、黄平县等地，其演唱形式多样，但尤以剑河革东镇所在地的飞歌最为优美、独特。革东苗族飞歌因为高音部分全部使用真嗓发音，音调高亢嘹亮，豪迈奔放，曲调明快，穿透力强，有很强的感染力，唱起来声震山谷，山鸣谷应，几里外都能听到。

（3）布依族"八音坐唱"又叫"布依八音"，是布依族世代相传的一种民间曲艺说唱形式，原型属于宫廷雅乐，以吹打为主。由牛骨胡、葫芦胡、刺鼓、箫筒、小马锣、小镲、包包锣和月琴等乐器演奏，并用布依语进行说唱而得名。

除以上民族音乐外，民族舞蹈也是视觉盛宴，如傣族的孔雀舞，蒙古族的筷子舞，维吾尔族的多朗舞、萨玛舞等，这些歌舞表演都能成为吸引游客的旅游景观。

（五）民间习俗文化景观

民俗文化是一个民族、地区集中居住所创造、共享、传承的风俗生活习惯，许多特色的民族节日越来越受到游客的喜爱，如苗族一年一度的牯藏节吸引了众多中外游客参加。

（1）蒙古族是一个历史悠久而又富有传奇色彩的民族，过着"逐水草而迁徙"的游牧生活。中国的大部分草原都留下了蒙古族牧民的足迹，因而被誉为"草原骄子"。每年七、八月牲畜肥壮的季节举行"那达慕"大会是蒙古族历史悠久的传统节日，这是人们为了庆祝丰收而举行的文体娱乐大会。"那达慕"大会上有惊险动人的赛马、摔跤，令人赞赏的射箭，有争强斗胜的棋艺，有引人入胜的歌舞，显示出草原民族独有的特色。

（2）苗族的音乐舞蹈历史悠久，挑花、刺绣、织锦、蜡染、首饰制作等工艺美术在国际上享有盛名。苗族的先祖可追溯到原始社会时代活跃于中原地区的蚩尤部落。苗族信奉万物有灵，崇拜自然，祀奉祖先，节日较多，除传统年节、祭祀节日外，还有专门与吃有关的节日。苗族有很多节日，但各地区叫法和过法不尽相同，传统节日以苗年最为隆重。

（3）侗族来源于秦汉时期的"骆越"。魏晋以后，这些部落被泛称为"僚"，侗族即"僚"的一部分。现主要分布在贵州、湖南等地。信仰多神，崇拜自然物。侗族传统节日各地日期不一，节日饮食常和宴客活动联系在一起，主要节日有新婚节、架桥节、祭牛节、吃新节、花炮节等。侗族喜欢斗牛，每个村寨都饲养有专供比赛用的"水牛王"。

民间习俗文化景观在新时代迸发了新的生机，不断发扬和创新，为当地旅游业带来了可观的经济效益。

（六）民族手工艺品

为适应生活需要和审美要求，民族手工艺人运用各种专业技巧进行加工制作，表现出超高技艺，最后形成具有当地文化特色的民族工艺品。工艺品分为以下几大类：陶瓷纪念品类、金属纪念品类、玻璃纪念品类、编织纪念品类、刺绣和印染纪念品类、泥塑纪念品类、雕刻纪念品类、书画纪念册类。

【知识链接】

贵州有"文化千岛"的美誉，是多民族聚居省份，有汉族、苗族、布依族、侗族、土家族等18个世居民族，在这片神奇的土地上繁衍生息，孕育了丰富多彩的民族文化，呈现出各种服饰争奇斗艳，不同建筑巧夺天工，种类繁多的民族音乐在山间交响，1 400余个传统节日形成了从正月到腊月都有节庆的文化盛况。

苗族的刺绣蜡染、手工艺品，侗族的木构建筑和侗歌传统，布依族的酿造工艺和音乐艺术，土家族的舞蹈和山歌，水族的水书、马尾绣和端节，彝族的节庆和太阳历，瑶族的绣花工艺等，构成了风情与风俗相融、风物与风尚交错的绚丽画面。

黔东南苗年、侗年、姊妹节、鼓藏节等民俗节庆吸引国内外游客相约奔赴；黔南写有水族文字的帷幔在风中飘扬，被称为"刺绣中的活化石"的水族马尾绣惊艳亮相；毕节火把节传递着彝家人的火热与激情；黔西南"八音坐唱"的布依之音等让人体验布依族文化的浓郁风情。蜡染、刺绣、银饰等非遗制作技艺更是穿梭古今，熠熠生辉。

四、民族文化景观的讲解技巧——以苗族为例

苗族是一个古老而神秘的民族。西江千户苗寨是苗族历史上五次大迁徙中的第三、第四、第五次陆续迁徙到达的集结地。到目前为止，西江千户苗寨已有近1 300户人家，接近6 000余人，是世界最大的苗族聚居村寨。

（一）如何讲解苗族文化景观

1. **讲建筑**

苗族建筑以木质的吊脚楼为主，源于上古居民的南方干栏式建筑，为穿斗式

歇山顶结构，分平地吊脚楼和斜坡吊脚楼两大类，一般有三层。底层用于存放生产工具、关养家禽家畜、储存肥料或用作厕所；第二层用作客厅、堂屋、卧室和厨房，堂屋外侧建有独特的长形靠背椅，主要用于乘凉、观景和休息，美丽的苗族姑娘们经常坐在这里挑花刺绣，所以又称"美人靠"；第三层主要用于存放谷物、饲料等生产、生活资料。

2. 讲服饰

苗族服饰有个特点，就是有精美的绣片，这些绣片除了美观，还有传承的意义。因为苗族的文字在迁徙的过程中逐渐丢失，没法用文字来记录历史，所以他们就把历史用符号的形式绣在了衣服上：渡过黄河在左手袖子缝上一条黄线，渡过长江在右手袖子绣上一根蓝线，渡过洞庭湖在胸口绣一个湖泊形状的图案，大花代表曾经住过京城，交错的条纹代表田埂，花点代表谷穗等，再加上口头传承，让后人很清楚自己的祖先来自哪里，经历了什么，崇拜什么。

3. 讲饮食

苗族的饮食以大米、玉米为主，特别喜欢吃酸辣的食物，如酸汤、酸菜等。当地有种说法，"三天不吃酸，走路打转转"。家家有酸，餐餐有酸，样样有酸，还喜欢放辣椒。另外，苗族人喜欢喝酒，基本上家家都会自制米酒。最有特色的餐饮接待就是长桌宴。苗族同胞在过苗年、接亲嫁女、办满月酒以及举行村寨联谊时，就会准备长桌宴，家家户户都会搬出桌子板凳，像接龙似的顺着寨子街道，一长溜排上数百米，简直是一眼望不到尽头。餐桌上，通常都会摆上当地最具特色的食物，酸汤鱼、腌鱼、腊肉、腊肠、麻辣鸡等一系列丰盛的菜品。

4. 讲节日

苗族传统节日比较多，踩花山、四月八、龙舟节、吃新节、姊妹节、赶秋节、苗年等，其中以过苗年最为隆重。

5. 讲婚俗

苗族婚姻自由程度比较高。他们谈恋爱的方式黔东南叫"游方"，黔西北叫"踩月亮"，松桃叫"会姑娘"。很多苗族地区都建游方坡或游方坪供青年男女对歌或交谈来表达爱慕之情。年轻人谈好了，男方征求父母的意见后就请媒人到女方家说亲。一般女方父母不会反对，经过说媒定亲，双方就可以商谈结婚日期和聘礼。等办完喜酒后新娘还是回娘家生活，即"坐家"，时间长达一两年至四五年不等。只有在逢年过节或农忙时经召唤才回夫家小住，直到怀孕后才长住夫家。

（二）苗族文化景观的讲解技巧

1. 讲差异化

讲解时要突出少数民族与汉族不一样的地方。比如说很多人都好奇苗族为什么喜欢把房子建在半山腰。

2. 穿插些历史或故事

可以讲解一些历史或故事，给游客留下更生动的观感。比如，带游客走过西江苗寨的风雨桥，就可以和西江的历史结合在一起。风雨桥是苗族典型的建筑，有通行、遮风避雨、休闲纳凉的功能，也是苗族青年男女约会的地方，但西江风雨桥的名字很多都是苗语。例如有座叫"僦（jiu）崇（dong）芝（dou）"的桥，啥意思呢？用汉语说就是"学子桥"，苗语中"僦"是"桥"的意思，"崇芝"是"读书"的意思，所以"僦崇芝"就是"学子桥"。

【课后思考】

贵州安顺地区的屯堡人，为什么被称为"老汉族"？

任务四　红色文化景观讲解

【知识链接】

遵义会议会址，是全国重点文物保护单位，属国家AAAA级景区。遵义会议纪念馆的最核心部分，是具有伟大历史意义的遵义会议召开的地方，位于贵州省遵义市红花岗区子尹路96号。会址房屋原为国民党军军官的私邸，建于20世纪30年代初，建筑物由主楼和跨院两部分组成。主楼坐北朝南，为中西合璧砖木结构建筑，一楼一底。整栋主楼通道面阔25.19米，通进深17.01米，通高12米，占地面积528平方米，建筑面积428.48平方米。遵义会议会议室在二楼（一楼作战室的楼上），是一间长方形的房间，面积27平方米。墙上有挂钟和两个壁柜，壁柜上有一面穿衣镜。屋子正中是长方桌，四周有一圈木边藤心折叠靠背椅，桌下有一只古老的木炭火盆。

遵义会议作为我们党历史上一次具有伟大转折意义的重要会议，在把马克思主义基本原理同中国具体实际相结合，坚持走独立自主道路，坚定正确的政治路线和政策策略，建设坚强成熟的中央领导集体等方面，留下了宝贵经验和重要启示。我们要运用好遵义会议历史经验，让遵义会议精神永放光芒。

一、红色文化和红色旅游

从微观来看，红色文化是中国共产党在革命战争年代领导中国人民创造的，能够体现中国共产党人和先进中国人精神品格的文化，这是从文化本体论的角度来阐释的；从宏观来看，我们认为应该放大红色文化的观照视野，扩展红色文化的内容。红色文化不仅包括纯文化层面，相较制度、革命事迹，乃至体现红色文化的物质载体，都应该纳入红色文化之中。

《2004—2010年全国红色旅游发展规划纲要》中首次明确将红色旅游定义为"以中国共产党领导人民在革命和建设时期建树丰功伟绩所形成的纪念地、标志物为载体，以其所承载的革命历史、革命事迹和革命精神为内涵，组织接待旅游者开展缅怀学习、参观游览的主题性旅游活动"。后来，全国红色旅游发展规划纲要中又对红色旅游的定义在时间线上进行了延伸，其中向前延伸至1840年开始的旧民主主义革命时期，向后延伸至新中国成立后的建设和改革时期。

二、红色文化资源分类

（1）重大历史事件发生地。中国共产党领导人民群众经历了第二次国内革命、抗日战争、解放战争等重要历史事件，留下了许多活动旧址，是弘扬革命精神、宣传爱国主义教育、科考修学的重要资源。如湖南浏阳市的秋收起义文家市会师旧址、山西灵丘县平型关战役遗址、江西永新县三湾改编旧址等。

（2）重要会议的会址。中华人民共和国成立前，中国共产党在各地举行了多次重大会议，其中包括对党的纲领、章程、路线、方针、政策进行制定和修改，对党的工作经验教训进行总结等，留下了许多具有纪念意义的会议会址，如上海中共一大会址、贵州遵义会议会址、湖北武汉八七会议旧址等。

（3）重要机构的办公地旧址。在革命斗争中，中国共产党人在革命老区、红色根据地设立多个重要机构，并在较为简陋的办公环境中坚持为中国革命的胜利而工作，如江西赣州瑞金市中华苏维埃临时中央政府旧址、陕西延安中共中央西北局办公地旧址等。

（4）名人故居。名人故居指革命年代杰出人物曾经生活或工作过的住所，其中包括这些名人曾使用过的物品或留下的书面材料等，如毛泽东故居、周恩来故居、邓小平及刘少奇故居等。

（5）革命烈士陵园。革命烈士陵园是纪念烈士或在历史上有卓越贡献的人物而建造的园林式建筑或纪念地，如雨花台烈士陵园、井冈山革命烈士陵园、百色起义烈士陵园等。

（6）各类纪念馆等。纪念馆是为了铭记历史与过去，依托历史和事件建造的综合性场所，主要供后人学习与怀念，如南京侵华日军南京大屠杀遇难同胞纪念馆、中国人民抗日战争纪念馆等。

三、红色景点的讲解原则

（一）导游讲解内容的严肃性

红色旅游是一项全国各族人民坚定中国特色社会主义共同理想信念的政治工程。导游讲解的过程也是对游客进行爱国主义和革命传统教育的过程，因此必须保证其正确的政治导向。红色旅游与传统旅游不同，也和其他爱国主义教育方式不同，它带有"与生俱来"的政治性。

红色旅游的导游讲解不能人为地演绎发挥，哗众取宠，甚至掺杂粗俗、迷信、低级趣味等内容，要以崇敬之心对待革命历史，以严谨而有法度的态度对待红色旅游，确保红色旅游"不走调""不串色"。红色旅游的核心内容决定了红色旅游的魅力在于严肃性，决定了红色景点的价值是其背后所蕴含的厚重的红色精神内涵。因此，红色旅游景区的导游员、讲解员，应以高度的政治责任感注意讲解的严肃性。

红色旅游的讲解内容是中共党史、革命史，讲解内容必须符合史实，有据可查，不能妄加推测和杜撰。内容涉及的数据资料要有根据、有出处，真实可信。如有说法不一或者多种解释，可听取权威性的意见。

（二）讲解语言的准确性

好的电影需要好的剧本，同样，好的导游讲解需要以好的导游词为基础。红色旅游景区的导游讲解要力求保证内容的准确性，导游词的写作是关键。必须规范红色旅游导游讲解内容，准确反映党领导全国人民的革命史、奋斗史、创业史，要正确地反映中国近现代史，增强历史的真实性和权威性。

讲解语言必须是规范化语言，语音、语调、语法、用词要准确无误，讲解时应使用普通话，红色文化是国家史的核心部分，必须尽量排除方言乡音的影响，除非是模仿革命人士的方言，要保证游客能听懂。所以语言的标准化是导游讲解准确性的保证。从这个角度来说，红色旅游导游员、讲解员是语言技能和艺术的工作者。

（三）导游讲解方式的多样性和灵活性

红色文化主要是发生在各个革命历史时期的革命事件及其发生地所蕴含的革命精神。高质量、高水平的导游讲解，既需要有内容丰富、翔实、准确和生动感人的解说作为基础，也需要灵活多样的讲解方式和方法。在红色旅游中，为了避免导游滔滔不绝、游客呼呼大睡或者不断离开的现象，导游讲解必须注意讲解方式方法，尽量个性化，并不断提高讲解水平。

导游讲解常见的方式有介绍式、讲授式、演说式、朗诵式、主持人式、小品式、背诵式等。每种方式都各有利弊，如讲授式容易产生"老师对学生"的居高临下感；背诵式不能对游客动之以情；朗诵式有情感，但是不能对游客晓之以理等。如果单纯用其中的某一种方式，必定会让游客产生乏味感。

基于红色旅游讲解内容的严肃性，应该特别注意讲解方法，吸引游客，激起游客倾听和参与的兴趣。要加强导游讲解的针对性和灵活性，就要根据情景采用多种讲解方法，其原则是因人而异、以人为本。讲解方法主要有简单概述法、层次讲解法、分段讲解法、突出重点法、有问有答法、触景生情法、故事讲解法、歌曲演唱法、诗歌朗诵法、数字说明法、类比讲解法、知识渗透法、名人效应法、引用名句法等。

红色文化传承必然经由从表层到深层，从感知物质文化到领悟、产生情感共鸣，再接受精神文化这样一个过程。要增强讲解的生动性，根据红色文化传承规律，层层递进地把游客在红色旅游景区见到的景观和革命事迹的背景以及历史文化内涵都讲述得清楚明白，以吸引游客，并给游客留下独立的思考空间，升华思想和情感。对于红色旅游者来说，肯定是有所见、有所听，才有所感，才有所悟。因此，在红色导游讲解中要注意层次讲解法。突出重点法即在导游讲解时避免面面俱到，而是突出重点的讲解方法。例如，突出代表性的红色旅游景观、景点的特征和特色、游客感兴趣的内容等。

四、红色文化景点讲解技巧

讲解能力是红色旅游服务工作的核心，是满足游客精神需求的关键环节之一，是连接历史和现实、文物和革命精神的桥梁，是传承红色文化的重要载体。提升讲解员的讲解能力和水平，在红色旅游活动中有着举足轻重的作用。讲解员要重视从以物讲史、用情感人、因材施教三个维度不断创新，提升讲解水平。

（一）以物讲史

百年党史中的无数伟大事件、英雄故事，突破时空的屏障，构筑起共产党人的精神谱系。在组织红色旅游和进行讲解时，讲解员如果一味地采取"说教式"宣讲、"填鸭式"输出信息，易出现游客听不懂、弄不清、记不住的情况，甚至会感觉晦涩烦冗、枯燥乏味，大大影响红色文化的传播效果。为此，讲解员要善于选好"物"，通过"以物讲史"的方式，向游客进行普及式的"转译"，用红色文物激发起受众的情感共鸣。同时把文物背后的故事讲得既严谨又有趣，让红色精神深入游客心中。

讲解员可以通过一件件珍贵的文物、一个个平凡的人物、一段段动人的故事，向游客呈现真实的历史。它们或许只是革命人物送给孩子的小物件，给父母、妻子、朋友的一封信，给组织的日记本、学习笔记，但正是这些实物及背后承载的人和事，让生活在当下的人们能够有机会与革命先烈来一场穿越时空的对话。

（二）用情感人

作为红色旅游的窗口形象，讲解员是拉近游客与景区距离的桥梁，关联着红色旅游形象和品牌建立。

讲解员要认识到讲解红色文化和历史最大的吸引力，是和游客有情感的共鸣。如果讲解员缺少真情实感，无法感动自己，也就无法感动他人。缺乏感染力和影响力的讲解，很难让游客产生共情。

情感教育具有自己的独特优势，而真情是从实事求是中来的。这就要求讲解员首先在党史、革命史、社会主义建设史的学习上，做足功课、狠下苦功；对红色历史、红色精神、红色故事、红色人物的掌握上，做到驾轻就熟、如数家珍、旁征博引。讲解员只有在红色历史中汲取到了养分、领悟到了意义、培养了感情，才能做到言之有物、言之有理、言之有情，才会在向游客讲解时饱含深情，也更容易引起游客的共鸣。红色故事只有通过富有情感的输出，才能增强红色精神的影响力和感召力。

讲解员的情感不仅要输出，更要与游客形成有效的互动。比如活动中可以灵活组织游客开展大合唱、情景剧、分享会、广场舞等，充分调动游客抒发情感和主动思考的积极性，从而使红色文化入脑入心，达到真正意义上的传承。

（三）因人施教

讲解员要根据旅游群体的不同，在讲解的内容和形式上做出相应的调整和变化，充分发挥红色旅游的教育功能和价值传播，切忌千篇一律、千人一面。

例如针对青少年团队，讲解员要带领学生追寻先辈足迹、缅怀历史、致敬英雄模范，进行思想政治教育、爱国主义教育和革命精神教育，特别是要找出、找对、找准学生群体的兴趣点，讲出吸引他们的红色故事、战争场面，用兴趣来驱动他们接受红色洗礼。针对历史怀旧者的老年群体，讲解员要引导其感怀历史与文化，重温时代变迁，对比今昔岁月，用老物件、老场景、老图片，唤醒他们尘封的记忆，用新生活、新时代、新面貌，触发他们过往的感慨。通过新旧对比，进行情感教育，甚至是审美教育。针对党员干部群体，讲解员要加强党史知识的讲解，通过历史的选择和责任、先烈的无私和奉献、人民的信任和重托，激发党员干部的自豪感、荣誉感和责任感，使党员干部接受思想上的洗礼，坚持道德上的高线，坚守纪律上的底线，永葆革命初心本色。

【知识链接】

如何讲解遵义会议会址

一、讲清历史背景

革命情况非常复杂，这些事件都不是忽然发生的，肯定有来龙去脉，所以导游或者讲解员要多查资料，深入地了解相关背景，从宏观上把握。比如讲遵义会议,大家都知道,这次会议结束了王明"左"倾错误在党中央的统治,确立了以毛泽东为核心的党中央的正确领导,在危急关头挽救了党、挽救了红军、挽救了革命。为什么红军要到遵义去开会?应该交代一下,讲清楚历史背景。

我们来看一下背景资料:1934年1月中共六届五中全会以后,在中国共产党和根据地的各项工作中,王明"左"倾冒险主义推行。在这种错误领导下,第五次反"围剿"失败,迫使红军放弃革命根据地,开始长征。长征初期,"左"倾教条主义者从进攻中的冒险主义变成退却中的逃跑主义,并且把战略转移变成搬家式的行动,使部队的行军速度非常缓慢,致使敌人有充分的时间调集兵力,对红军实行围追堵截,导致红军在突围过程中损失惨重。为了摆脱围追和堵击的敌军,毛泽东同志建议中央红军放弃去湘西同红二、六军团会合,改向敌军力量薄弱的贵州挺进。1935年1月7日,红军攻克黔北重镇遵义。

这样讲,大家觉得怎么样?好像是交代了背景,但是还不够深入,其实长征过程中红军开的会议很多,留下记录的就有30多次,所以遵义会议不是孤立的,通道会议、黎平会议、猴场会议这三次会议是遵义会议的前奏,要对这三次会议做简要介绍。

通道会议提出进贵州,黎平会议提出去遵义,并且必须要开一次会总结第五次反"围剿"失败的原因以及把毛泽东增进政治局常委。猴场会议再次强调黎平会议的决定,逐渐为遵义会议的召开奠定了基础。

二、讲解要穿插名人轶事

革命历史讲解花费的时间比较长,为了增加趣味性,可以穿插一些名人轶事。比如讲解四渡赤水,除了讲解战事本身,还可以讲讲红军与国酒的故事。

【课后思考】

总结红军长征在贵州的足迹,以及历史事件。

任务五 遗址遗迹景观讲解

【知识链接】

世界遗产是指被联合国教科文组织和世界遗产委员会确认的人类罕见的、无法替代的财富,是全人类公认的具有突出意义和普遍价值的文物古迹及自然景观。

世界遗产包括世界文化遗产(包含文化景观)、世界自然遗产、世界文化与自然双重遗产三类。世界文化遗产是指从历史、审美、科学及人类学角度看，具有突出的普遍价值的文物、古迹、建筑群、遗址遗迹、文化景观等人类工程。

我国世界遗产总数达到 57 处，其中世界文化遗产 39 项、世界文化与自然双重遗产 4 项、世界自然遗产 14 项。我国是世界上拥有世界遗产类别最齐全的国家之一，也是世界自然遗产数量最多的国家（14 项）、世界文化与自然双重遗产数量最多的国家之一（与澳大利亚并列，均为 4 项）。

一、遗址遗迹概述

《旅游资源分类、调查与评价》《B/T 18972—2003》将遗址遗迹定义为：已经废弃的目前不再有实际用途的历史人类活动遗存和人工构筑物，包括史前人类活动遗址和社会经济文化活动遗址遗迹。考古学上把可移动的古代遗留物称为遗物，把不可移动的或不能移动的古代遗留物称为遗迹，把遗物和遗迹总称为遗存。史前人类活动遗址包括人类文化层、文物散落地、史前聚落遗址等；社会经济文化活动遗址遗迹包括历史事件发生地、军事遗址与古战场、废弃寺庙、废弃生产地、交通遗迹、城垣遗址废城与聚落遗址、长城遗址等。

人类社会在漫长的发展演化过程中，其生活、生产、商贸、政治、军事、宗教、文化等众多的社会实践活动创造了辉煌的物质和精神文明，给后人留下了丰厚的文化遗产。遗址为已被破坏的古代建筑物所在地；遗迹本指脚步留下的印痕，比喻先人或过去事物留下的痕迹。遗址类旅游资源是指具有一定的历史文化依托，空间地点较为准确，地面地下历史遗存缺乏，无较多的痕迹和遗物可寻的古代人类活动场所，如那些已经被辟为农田，不能直观看出当年的场面及活动痕迹，只能通过导游的讲解在脑海里显现。遗迹类旅游资源是古代人类遗留下来的地点较为准确，具有较丰富的地下文化遗存的活动场所。

广义而言，人类社会的所有遗存物迹，只要具有足够的吸引力，都应该纳入遗址遗迹类旅游资源的范畴。遗址遗迹类旅游资源是指因遗址遗迹的历史文化、科学艺术和观赏游憩价值而形成旅游吸引力，进而产生社会文化效益、经济效益的旅游吸引物。

二、遗址遗迹旅游资源的特征及分类

（一）遗址遗迹旅游资源的特征

1. 历史性

人类社会活动随着历史进程的发展，规模不断扩大、内容不断丰富、形式不断多样，形成了历史阶段的演替。历史遗迹是人类历史发展阶段性的具体反映，揭示了历史的真实面目。

2. 文化性

人类社会历史是一部文化发展史，也是一部人类物质财富和精神财富的创造史。历史遗迹是古代人类物质文化财富的重要组成部分，能够准确反映和体现古代物质文化的状况。历史遗迹也是历史意识形态和上层建筑的载体，能够向现代人传达丰富的精神文化信息。

3. 社会性

人类通过不懈努力，创造出生产工具，利用和改造自然，赢得了自身的生存权利；通过生产活动、文化活动、政治活动及建设活动，不断开发利用自然资源，创造出了绚丽多彩的物质和精神财富。

（二）遗址遗迹旅游资源的主要类型

物质类文化遗存包括建筑遗迹，这些是人类活动的产物，是历史、文化的见证者。建筑遗迹可以是古代宫殿、城墙、寺庙、古代住宅、城市遗址等，它们反映了当时的社会制度、宗教信仰、技术水平等，具有重要的历史和文化价值。这些遗迹常常成为旅游景点，吸引了游客前来参观、探索和学习。主要类型包括人类活动遗址、文化层、文物散落地、原始聚落遗址、废弃生产地、交通遗迹、废城与聚落遗址、长城遗迹、烽燧等。

1. 人类活动遗址

人类活动遗址是指史前人类聚居、生产、生活的场所。这类遗址通常包含各种石制品、动物化石、骨器等遗物，它们对于研究早期人类的活动、环境和文化背景具有重要意义。例如，资阳濛溪河遗址是一个位于四川省的旧石器时代遗址。最近发现的遗迹和遗物表明，该地区至少有4.3万年的历史。又如，人字洞遗址，位于中国安徽省，该遗址的绝对年代在220万到259万年前，被认为是亚洲地区最古老的人类活动遗址。此外，夜源遗址位于中国陕西省，最近的研究表明，该地区至少有110万年的历史，对于研究中国远古人类与文化的起源和早期发展具有重要意义。

2. 文化层

文化层，亦称"文化地层"，特指遗址中人为活动所形成的土层堆积。在考古田野调查中，文化层是判定遗址最重要的要件。

3. 文物散落地

文物散落地是指在地面和表面松散地层中有丰富文物残留物的地方。一些常见的建筑遗迹文物散落地，可能以城市遗址、宫殿遗址、寺庙遗址、城墙遗址、墓地遗址等形式散落于地表之上，成为历史、文化、考古研究的重要对象。同时，这些遗址也是旅游者探寻历史与文化的重要景点。

4. 原始聚落遗址

原始聚落遗址是一个资源科技术语,是指史前人类居住的房舍、洞窟、地穴及公共建筑,是原始社会人类聚族而居所留下的住址遗迹。

5. 废弃生产地

废弃生产地是指已经消失或废置的矿山、窑、冶炼场、工艺作坊等,通常指的是曾经用于生产活动但现在废弃或不再使用的建筑遗址。这些地点曾经是经济活动和生产的中心,但由于种种原因废弃或被遗弃。一些建筑遗迹废弃生产地,如工业革命遗址、矿山遗址、交通枢纽、农业生产设施、城市更新项目等,可能成为历史文化保护的对象,也可能成为城市更新和旅游开发的资源。保护和利用这些遗址,需要综合考虑其历史文化价值、环境影响、经济效益等多方面的因素。

6. 交通遗迹

交通遗迹是指已经消失或废置的交通设施,通常是交通基础设施的一部分,如桥梁、隧道、铁路站点、码头等,它们曾经在过去扮演着重要的交通枢纽或通道的角色,但由于各种原因而废弃或不再使用。

7. 废城与聚落遗址

废城与聚落遗址是指已经消失或废置的城镇、村落、屋舍等居住地建筑及设施。废城是指曾经繁荣、有人居住或有重要历史意义的城市,但由于种种原因而被废弃或逐渐荒芜,最终变成遗址的城市。废城通常规模较大,可能是历史上重要的政治、经济中心或文化遗产。

8. 长城遗迹

长城遗迹是指已经消失的长城遗址遗迹。

9. 烽燧

烽燧是指古代边防报警构筑物,是古代中国用于军事通信的一种重要设施,常常与长城相连,构成了中国古代防御体系的一部分。

【知识链接】

娄山关红军战斗遗址位于贵州省遵义市汇川区板桥镇北10千米与桐梓县交界处,距遵义市市区约50千米。娄山关,又名太平关,亦称娄关,关口处于大娄山山脉主峰。娄山关是川黔交通要道的重要关口,自古被称为黔北第一险隘,素有"一夫当关,万夫莫开"之称。

1935年年初,中央红军在这里与贵州军阀王家烈打了两仗,史称娄山关战斗,是长征途中重大的战略转折,为此毛泽东写下了《忆秦娥·娄山关》诗词一首。现在呈现在大家眼前的,是用396块云南大理石嵌成的毛泽东诗词碑。该词碑由遵义设计二院设计，于 1973 年建成，碑宽 25 米，象征二万五千里长征，高 13.55 米，镌刻了毛泽东同志《忆秦娥·娄山关》手迹。右手边岩壁上的"娄山关"三个大字就是娄山关标志性的景点之一"摩崖石刻"。"娄山关"三个大字，刚劲有力，每字 2.3 米，是舒同于 1984 年题写的。

大家眼前看到的娄山关红军战斗纪念碑，于 1966 年建造，为纪念遵义会议 50 周年而立。碑高 11 米，碑座宽 6 米，碑体由两根尖顶形巨柱组成，状如两把利剑直刺苍穹。这样的造型可是有着深厚的象征意义的：你看它既突出了娄山关群峰夹道，中通一线天的神奇、险峻，又酷似红军战士双足长征万里、踏破雄关的雄姿，还蕴含着红军"二渡赤水"和两次攻克娄山关的寓意。

三、遗址遗迹的讲解技巧

（一）遗址遗迹讲解要能满足旅游者追溯历史的旅游需求

这些遗迹是历史的见证，游客可以通过参观了解过去的社会、文化和生活方式，满足对历史的好奇和追溯的需求。

（二）遗址遗迹讲解要能满足旅游者体验文化的旅游需求

这些遗迹承载着丰富的文化内涵，游客可以通过亲身体验、参与文化活动等方式，深入了解当地的文化、传统和价值观。

（三）遗址遗迹讲解要能满足旅游者的旅游审美需求

遗址遗迹常常具有独特的建筑风格、艺术品位和景观美感，可以让游客欣赏到精美的建筑、雕塑、壁画等艺术品，满足他们对美的追求和欣赏的需求。

下面以息烽集中营讲解为例：

（1）重现场景。遗址遗迹本身是静态的表现，所以当年发生的历史，就需要用讲解再现，给游客展现一个动态的场景。比如说讲息烽集中营，它是当年国民党特务头子戴笠按照蒋介石的指示，在抗战期间设立的关押中共党员和爱国进步人士最高等级的监狱。参观旧区的时候，高耸的围墙、黑漆漆的瞭望塔、若隐若现的射击孔、黑暗潮湿的牢房，已经给人阴森恐怖的感觉，再配合讲解当时反动派实施的酷刑，能让游客感同身受、毛骨悚然。

（2）把过去与现在相联系，引起游客对生活的思考。还是讲息烽集中营，讲完国民党反动派残暴的酷刑，可以话锋一转，引出对当下生活的珍惜。试想当时的革命烈士是抱着怎样的决心和信念，才选择这样艰辛的道路，才挺过这种地狱般的煎熬。他们同样渴望呼吸新鲜的空气、享受自由的阳光，但他们却义无反顾地选择牺牲自我，从而换来我们如今美好的生活。所以我们生活在这个时代，没有硝烟弥漫，也没有流离失所，更没有遭遇残酷血腥的虐人待遇，已经是非常幸运和幸福的了。

【知识链接】

世界文化遗产——遵义海龙屯

"飞鸟腾猿，不能逾者。"崇山险峻，沿壁而建。这里是贵州遵义海龙屯，藏在大山深处的世界文化遗产，是可触摸的"多彩贵州·文化瑰宝"。置身于云贵高原向四川盆地过渡的斜坡北段，海龙屯雄踞娄山关以南的龙岩山上，其地势之险要，道路之曲折，实属令人惊叹。据传，修建之前，并没有通往山顶的路。修建之时，人们选择在龙岩山东南面松岩坡的山体基岩上凿出一道道台阶，才有了一条可以攀升至龙岩山顶的登屯古道。其道曲折呈"之"字形，地势可谓险绝。在历史长河中，土司制度渊源很久，世袭的土司在自己辖区内有着绝对的权威和权力。位于贵州的播州杨氏土司，于唐朝开始世袭治理遵义地区。

回望历史，南宋宝祐五年，为抵御蒙古大军，播州杨氏十五世士官杨文在此建立了海龙屯。明朝万历二十四年，杨氏三十世土司播州宣慰使杨应龙，在原有的基础上耗时四年扩建了海龙屯，在后来的挖掘保护中，在海龙屯遗址发现了大量刻有"初一""初五号""十六号""十六砖"字样的铭砖，以及大小、形体不同的异形砖石、瓦当、滴水瓦等构件。考古发现，模印铭文不是用以区分不同砖类的，而可能作为责任标记，代表了不同的烧造批次。砖坯做好后，懂其事的窑工负责检查，并在坯上打下戳记，允许入窑烧造。

海龙屯是在南宋晚期抗蒙背景下，地方势力与中央朝廷一起修建的防御工事，明万历时期进行大规模重建，并在万历二十八年（公元 1600 年）毁于播州之役，两次战争都与国运相关。海龙屯虽偏处一隅，但影响深远，反映了播州地域从南宋到明代数百年间的政治、经济和文化面貌。

从 20 世纪 70 年代末被重新发现，到 2015 年作为中国三大土司遗址之一荣登世界遗产名录，海龙屯见证了中华民族深厚的历史底蕴与文化自信。这里有坚固的宫室和城堡，集军事屯堡、衙署与"行宫"于一体。

海龙屯的遗产价值，不仅在于其宏伟的建筑和险峻的地势，更在于它所承载的中华文明——连续性、创新性、包容性和和平性。这座遗址，如同一部活生生的历史长卷，记载着珍贵的历史记忆，为后世讲述中华民族的智慧与坚韧。

（资料来源于《天眼新闻》文化|贵州海龙风云起，险峻间觅土司遗城）

【课后思考】

根据世界遗产的分类和概念，并查询资料，思考遗址、遗迹、遗存三者之间的区别与联系。

任务六　博物馆景观讲解

【知识链接】

贵州省地质博物馆位于贵阳市观山湖区云潭南路与兴筑西路交叉口。建筑外观综合了梵净山、蘑菇石、汉语拼音缩写"GZ"及贵州梯田地貌等元素，形成了一个傲然屹立的"飞来之石"的形象，充分体现了贵州地质博物馆的主题和大地的力度，也隐喻了贵州地质人"金石不渝"的情怀。

该馆属自然科学类博物馆，建筑面积 4 万平方米，展陈面积 16 300 平方米，包括"神秘贵州""多彩贵州""富饶贵州""奋进贵州"等四个常设展厅，主要用于特别展览的特别展厅，以及两个线上展厅。馆藏古生物化石、矿物晶体、自然资源文化物件、地质资料等藏品。另外，还有主题图书室、化石修复中心、5D 科普影院等展区。

"神秘贵州厅"位于场馆一楼，以"古生物王国"为主题，以记载地史的"书卷"——地层、构筑地史书卷的"纸张"——岩石、解读地史的"文字"——化石为元素，用 454 件精美的古生物化石标本、生动形象的场景复原和多媒体影片，带领观众走进神秘的"古生物王国"，去聆听远古贵州的生命故事。

"多彩贵州厅"以"喀斯特王国"为主题，分为沧海变迁、追根溯源、经典地貌、地质旅游四个部分。运用声光电、场景复原、油画、沙盘等展示媒介，从地质科学的角度展示地质景观的分布、成因、类型，以及享誉世界的瀑布、峰林、峰丛、溶洞、峡谷、天生桥等喀斯特地质地貌，让游客仿佛身临其境喀斯特王国。

"富饶贵州厅"给人"黔中无闲石、贵地多宝藏"之感。贵州拥有丰富的矿产资源，在这里你将会看到 300 多件珍贵的矿石矿物标本，有珍贵的矿石标本，有绚丽多姿的矿物晶体，有赏心悦目的宝玉石工艺品……

"奋进贵州厅"位于场馆二层，主要以时间为主线，展示地质矿产、地理测绘、土地管理三部分，是许多老前辈观看时最煽人泪下的展厅，也是热血沸腾的展厅。运用雕塑、场景复原、历史照片、珍贵文物等展示媒介，讲述新中国各个时期的先辈，用智慧和汗水为国家经济建设和社会发展作出的卓越贡献。

一、博物馆概述

博物馆起源于欧洲。亚历山大博物馆，是最早的博物馆的雏形，是当时世界最大的科学和艺术中心，是集收藏、研究、讲学等功能于一体的文化殿堂。

文艺复兴时期，私人收藏和皇室收藏都发展起来，为近代博物馆的发展提供了基础。但这一时期的私人博物馆以收藏和研究为中心，并不对公众开放。1682年，牛津大学的阿什莫林博物馆对公众开放，被称为第一座具有现代意义的博物馆。至此，博物馆开始具有公共服务的性质。阿什莫林博物馆的建立也使"museum"成为各类博物馆的通用名称。

目前学术界对博物馆的普遍认可的定义，是由世界权威机构——国际博物馆协会（ICOM）于2007年在维也纳会议修订并通过的：博物馆是以研究、教育、欣赏为目的而征集、保护、研究、传播并展示人类及人类环境的物质及非物质遗产，为社会及其发展服务的，向社会大众开放的，非营利的永久性机构。

国务院2015年颁布的《博物馆条例》中提出，博物馆是以教育、研究和欣赏为目的，收藏、保护并向公众展示自然环境和人类活动的见证物，经由登记管理机关来进行依法登记的非营利组织。

二、博物馆的分类

历史博物馆和艺术博物馆是20世纪前博物馆建设的主要类型。20世纪后，博物馆的类型更加丰富，专门的历史文化博物馆、自然历史博物馆、科技博物馆的建设增多。这体现了博物馆在当代从以收藏为中心转变为以观众为中心。随着社会文化、科学技术的发展，博物馆的数量和种类越来越多。划分博物馆类型的主要依据，是博物馆藏品、展出、教育活动的性质和特点。另外，还有它的经费来源和服务对象。外国博物馆，主要是西方博物馆，一般划分为艺术博物馆、历史博物馆、科学博物馆和特殊博物馆四类。在现阶段，中国博物馆事业的主管部门和专家，参照国际上一般使用的分类法，根据中国的实际情况，将中国博物馆划分为历史类、艺术类、科学与技术类、特殊类四种类型。

（1）历史博物馆，包括国家历史、文化历史的博物馆。在考古遗址、历史名胜或古战场上修建起来的博物馆也属于这一类。墨西哥国立人类学博物馆、秘鲁国家考古博物馆是著名的历史类博物馆。

（2）艺术博物馆，包括绘画、雕刻、装饰艺术、实用艺术和工业艺术博物馆。也有把古物、民俗和原始艺术的博物馆包括进去的。有些艺术馆，还展示现代艺术，如电影、戏剧和音乐等。世界著名的艺术博物馆有卢浮宫博物馆、大都会艺术博物馆、艾尔米塔什博物馆等。

（3）科学与技术博物馆，包括自然历史博物馆，内容涉及天体、植物、动物、矿物、自然科学。实用科学和技术科学的博物馆也属于这一类。英国自然历史博物馆、美国自然历史博物馆、巴黎发现宫等都属此类。

（4）特殊博物馆，包括露天博物馆、儿童博物馆、乡土博物馆。著名的有布鲁克林儿童博物馆、斯坎森露天博物馆等。

【知识链接】

贵州省博物馆是贵州省唯一的省级综合性博物馆，1953年开始建设，1958年开馆。2013年6月，贵州省博物馆馆舍建设重启。2016年10月，贵州省博物馆由贵阳市云岩区北京路搬迁至观山湖区林城东路。

从1953年筹建以来，数代博物馆人一直致力于各种文物藏品的收藏、研究和展示。现入藏有自然标本和古生物化石，反映贵州历史文化的史前文物、出土文物、近现代文物、民族民俗文物，瓷器、书画、玉器等传世文物及古籍善本等藏品27万余件。

博物馆占地面积106.29亩（70 860平方米），建筑面积47 000多平方米。除传统的收藏、展示功能外，博物馆还有数字馆体验馆、非遗剧场、4D影院、学术交流等功能区，是一个集研究、教育、观展、休闲于一体的综合性博物馆。

2017年9月30日，带着自然的奇丽、历史的厚重与文化的多彩，贵州省博物馆新馆正式开放。开放之后的博物馆，将秉承"改革创新、兼容并包、合作共享"的办馆理念，通过形式多样的陈列展览，丰富多彩的文化活动，朝着既有人文情怀，又有文化担当，并具有国际化视野的新型博物馆不断奋进。

三、博物馆讲解分类及人工讲解方式

（一）博物馆讲解分类

博物馆讲解根据讲解主体的不同可以分为人工讲解（包括专职、兼职讲解员讲解和志愿者讲解）与数字化智能讲解两大类。

人工讲解是博物馆讲解中最常见的类型，也是博物馆社会教育最传统的方式。绝大多数博物馆都有自己的专职讲解队伍，承担着各种讲解任务。随着观众对博物馆文化需求的日益增长和博物馆社会教育职能的不断发展，博物馆专职讲解队伍已无法完全满足观众的讲解需求，博物馆开始吸纳一些文博爱好者成立志愿讲解队伍加入博物馆的讲解工作中来。

数字化智能讲解是指通过互联网等技术手段，将展览和文物信息以语音、图文或视频方式输入便携式电子设备中，使观众在参观过程中方便快捷地获取信息的新型讲解类型。

随着互联网技术的飞速发展和便携式移动设备的广泛应用，数字化智能讲解被世界各地大量采用。电子导览设备、微信语音讲解、二维码技术、短视频、讲解机器人等各种数字化智能讲解成为博物馆的新型传播方式。

（二）博物馆人工讲解的方式

根据展览内容、讲解场合以及听讲观众的不同，人工讲解的方式也有所不同，

主要有叙述式、报告式、交谈式、互动教学式、演示解说式、讲演式等常见类型。

叙述式讲解一般由讲解员按照展览顺序以自然、平和的语气进行讲解，对展览内容娓娓道来，在讲解过程中可适当穿插启发性提问。

报告式讲解的声音较洪亮，手势比较鲜明，整体基调比较庄重。这种方式要求讲解员庄重得体，讲解内容准确严肃，比较适合政务接待或集体观众参观。

交谈式讲解是指由讲解员与观众以交谈方式进行讲解。这种方式比较适合于接待人数少且有目的地到博物馆参观的专业工作者，让参观者有参与感，气氛融洽，讲解员和参观者互有所补。

互动教学式讲解主要针对按照学校教学计划来博物馆参观学习的学生群体。这种讲解方式须根据学生的学习要求选择一定的展览内容，进行细致、深入的讲解，并根据学生的年龄特点，采用提问和讨论的形式进行。这种方式具有明确的学习目标和较强的针对性、互动性。

演示解说式讲解通常是指科技类场馆的实验或非遗民俗类项目的演示解说等，是一种让观众更有参与感，更便于交流的讲解方式。

四、博物馆景观讲解技巧

博物馆讲解需要具备丰富的专业知识，实事求是的科学态度，高尚的道德修养，给人以美感的仪容风度和组织能力、表达能力、应变能力、观察能力及创造力等心理素质。讲解员必须注意讲解艺术，在有声语言上应做到吐字清晰流畅，节奏适宜；发音圆润洪亮，声情交融；掌握逻辑重音，逻辑顿歇；语言简练、通俗易懂。在无声语言上要借助表情，表达源于讲解内容的真实情感，更好地吸引和感染观众。讲解姿态要自然大方、恰当地运用手势，在观众眼里造成视觉幻象，激发观众的想象力，加深对内容的理解。

下面以六盘水"贵州三线建设博物馆"为例，说明讲解博物馆的技巧：

一般博物馆都有一个主题或者说一条主线，展馆的布局、展品的陈列也都是围绕这条主线来的。例如六盘水的"贵州三线建设博物馆"，它是国内第一个以"三线建设"为主题的博物馆，2013年8月开馆。它的主题就是"三线建设"。那什么是三线？为什么要搞"三线建设"呢？

"三线"是我国20世纪60年代的一个战略构想，全国划分为三类地区：前线、中间地带和后方，分别称为一、二、三线。一线地区指位于沿边沿海的前线地区；二线地区指一线地区与京广铁路之间的安徽、江西及河北、河南、湖北、湖南四省的东半部；三线地区指长城以南、广东韶关以北、甘肃乌鞘岭以东、京广铁路以西，主要包括四川、重庆、贵州、云南、陕西、甘肃、宁夏、青海等中西部省区和山西、河北、河南、湖南、湖北、广西、广东等省区的后方腹地部分，其中西南的云贵川和西北的陕、甘、宁、青又被称为"大三线"。

20 世纪 60 年代，中苏关系急剧恶化，中印边境发生争端，国际形势复杂，直接威胁中国安全。在这种严峻的形势下，我国的东北重工业和军事工业基地全部在美、苏中短程导弹和轰炸机打击范围内，沿海的工业城市也处在美蒋空军打击范围内，一旦战争爆发，我国刚建立的工业基础将毁于一旦。所以为了避免战争的伤害，中央就决定把东部大城市的重要工厂能迁就迁，不能迁走的保持和缩小规模，新建企业就尽量建在西部。迁往西部或新建的原则是"靠山、隐蔽、分散"，而且名字也要隐晦。

另外，就是要挖掘背后的故事。现在博物馆基本都会用声光电技术进行场景呈现，但是要讲得生动有趣，还是要靠讲解员去挖掘背后的故事。贵州交通职业技术学院也有个博物馆，叫贵州交通博物馆·教育馆，就在图书馆一楼，它主要展示贵州交通发展的历史，分为古代交通、近现代交通、当代交通、技术攻坚和未来交通区五个部分。那么在近现代板块，贵州有了第一条路和第一辆汽车，展示了一些老照片和一个汽车模型。这具有划时代意义，肯定有精彩的故事。

西南交通数贵州起步最晚，直到民国初年，全省竟然没有一段公路，更别说汽车了。"蜀道难，难于上青天！"这样看来，黔道比蜀道更难。到 1926 年，当时的省长周西成就想发展贵州交通，当年冬天，他便下令修建贵阳环城公路，并且发动小学三年级以上的学生参与修路，每人每天给一毛钱作为奖励。路很快修成了，就是今天的省府路。如今它还保留了石板路。路是建成了，但是大家一看，路这么宽，有什么用呢？当时一片取笑、讽刺之声。为了让贵州人知道公路是用来行驶汽车，并能提高行进速度和运输的效益。第二年春天，也就是 1927 年，周西成托人从香港买了一辆美国制造的敞篷汽车，还请了驾驶员随车回贵州并帮助培训驾驶员。

车是买了，驾驶人员也找到了，但是当时的公路只能通到广西的梧州，到梧州以后，要走水路，从梧州用船将车载到柳州，然后再运到榕江。自榕江开始水流湍急，航道变窄，大船没法通行，就想了个办法，把两条小木船绑在一起，将车运到三都。但快到三都的时候，突然天降暴雨，河水暴涨，小船承受不了风急浪高的打击沉入河底，后来只能雇当地船工把车打捞上来。然后把车拆散了，请了二百六十多个民工，肩挑背扛，花了十多天时间，才把车运到贵阳。

所以把这段故事一讲，一张图、一个汽车模型瞬间就有了代入感，生动起来了。

【课后思考】

搜集资料，整理贵州有哪些国家一类博物馆。

项目六　交通景观讲解

【导言】

　　交通景观，作为人文景观的重要组成部分，以其独特的形式和功能，展现着人类社会的发展与变迁。它不仅是道路、桥梁、车站等交通设施的集合，更是文化、历史和科技的交融体现。交通景观的讲解，需要导游具备深厚的专业知识，以及灵活运用导游语言的能力，从而引导游客深刻体验其背后的文化内涵。

【学习目标】

　　学习本项目后，了解交通景观的基本概念和特点，掌握交通景观的类型和相关知识；理解交通景观与人类社会发展的关系，以及其背后所蕴含的文化内涵；掌握交通景观导游讲解的语言要求和方法，能够生动形象地讲解交通景观；能够解决讲解过程中的常见问题，提升游客的参观体验；培养对我国交通景观的热爱和尊重，增强文化自信。

【学习重点】

1. 交通景观的基本概念和特点。
2. 交通景观的类型及相关知识。
3. 交通景观的文化内涵。
4. 交通景观导游讲解的语言要求和方法。

【学习难点】

1. 交通景观背后历史和文化故事的深入挖掘。
2. 交通景观审美技巧的培养。
3. 交通景观导游讲解的创新与个性化。

【案例导入】

上海外滩观景大道

　　上海外滩观景大道，犹如一幅流动的画卷，展现了现代都市的繁华与历史的厚重。这条标志性的交通景观，不仅是黄浦江两岸的纽带，更是上海市的文化名片和观光胜地。

观景大道依江而建,东起黄浦公园,西至延安东路中山东一路口,全长约1.5千米。道路两侧,历史建筑鳞次栉比,海关大楼、和平饭店、汇丰银行等经典建筑屹立其中,它们见证了上海的沧桑岁月,与现代的摩天大楼共同构筑了这座城市的独特天际线。

作为交通要道,外滩观景大道不仅交通便捷,更以其独特的景观吸引着无数游客。宽敞的马路两旁,绿树成荫,为行人提供了一片清凉的避暑之地。而江面上的游船,则如同流动的观景平台,载着游客领略外滩的壮丽景象。

夜晚的外滩观景大道更是别有一番韵味。当夜幕降临,华灯初上,外滩的灯光与黄浦江的波光交相辉映,形成一幅璀璨夺目的夜景。音乐喷泉表演、灯光秀等文化活动在此上演,为游客带来了一场场视觉与听觉的盛宴。

外滩观景大道不仅展现了都市的繁华与历史的厚重,更融合了自然景观与人文景观的精髓。在这里,游客可以感受到上海这座城市的独特魅力,体验到交通景观在城市规划中的重要作用。

上海外滩观景大道以其独特的交通功能、丰富的历史文化底蕴和美丽的自然景观,成为上海市民休闲散步的好去处,也是外地游客必打卡的旅游景点之一。无论是白天还是夜晚,这里都散发着迷人的魅力,吸引着无数游客驻足观赏。

思考:搜集上海外滩观景大道导游讲解的基本素材,思考上海外滩观景大道的旅游吸引力体现在哪些方面?

任务一 桥梁讲解

【知识链接】

赵州桥,又称安济桥,位于河北省石家庄市赵县,始建于隋代,由匠师李春设计建造,至今已有 1 400 余年的历史。在历史上,赵州桥经历了多次修缮,其中最为著名的有 7 次大规模修缮,确保了桥梁的坚固和耐用。赵州桥的建筑艺术特点鲜明,其独特之处在于"敞肩圆弧拱"的设计。这种设计不仅符合结构力学原理,增加了排水面积,还节省了石料。此外,赵州桥主孔净跨度为 37.02 米,而拱高只有 7.23 米,拱高和跨度之比为 1∶5 左右,实现了低桥面和大跨度的双重目的。

赵州桥所处的永城市,曾是春秋、战国时期的赵国故地。这座桥梁建筑记录着中华民族的古老文明和历史文化,是值得传承的宝贵财富。赵州桥的建造需要极高的准确度和建筑技能,还需要工人们乘船装运沉重的石块,并在桥上进行砌筑和雕刻。这一过程中,涌现出了一批有勇气和智慧的人,他们用智慧和勇气铸就了这座伟大的桥梁建筑。赵州桥作为世界文化遗产和国家重点文物保护单位，为国内外游客提供了一个了解和欣赏中国古代桥梁建筑艺术的绝佳场所。

桥梁在人类社会发展中扮演着举足轻重的角色，它们见证了历史的变迁，承载了文化的传承。在现代旅游中，桥梁作为重要的旅游资源，吸引了无数游客前来探索和欣赏。如何有效地讲解桥梁，让游客更深入地了解其背后的历史、文化和价值，逐渐成为导游工作的重要一环。我们有必要深入了解桥梁的讲解技巧，以展现其独特的魅力和价值。

一、桥梁概述

桥梁，作为跨越障碍的建筑物，是人类文明发展的重要标志之一。它连接了陆地与水域，使人们能够便捷地跨越河流、湖泊、海峡等自然障碍，进而实现了地理空间的连接与拓展。桥梁不仅是交通基础设施的重要组成部分，还承载着历史、文化、艺术等多重价值。从古至今，桥梁的建设与发展一直伴随着人类社会的进步，成为人类社会发展的重要推动力。桥梁的设计和建造融合了力学、美学、文化等多方面的元素，体现了人类的智慧和创造力。

二、桥梁的价值

（一）交通价值

桥梁的首要价值在于其交通功能。它如同动脉般连接着不同地区的交通网络，使人流、物流、信息流得以畅通无阻地流通。桥梁的建设极大地缩短了地理空间上的距离，提高了交通效率，为人们的出行提供了极大的便利。同时，桥梁的通车也促进了沿线地区的经济发展，加强了区域间的经济交流与合作，推动了区域经济的整体发展。

（二）文化价值

桥梁不仅是交通设施，更是文化的载体。它见证了人类社会的发展历程，承载了丰富的历史文化和艺术信息。每一座桥梁都有其独特的故事和背景，是地方文化的重要组成部分。通过桥梁，人们可以了解一个地区的历史文化、风土人情和建筑艺术等方面的信息，进而感受一个地区的独特魅力和文化底蕴。

（三）景观价值

桥梁在景观设计中扮演着重要的角色。优美的桥梁造型与周围环境相融合，形成了独特的风景线，提升了城市的整体形象。桥梁的设计往往充分考虑了其与周边环境的协调性，通过巧妙的构思和精美的施工，桥梁成为城市景观中的亮点。

同时，桥梁也为市民和游客提供了观赏、休闲的好去处，成为人们流连忘返的景点。

（四）科技价值

桥梁的建设涉及众多科技领域的知识，包括结构设计、材料科学、施工技术等。桥梁的设计和施工需要不断创新、完善，以适应不同地形、地质和交通需求等条件。因此，桥梁的建设也是科技创新的重要领域。通过桥梁的建设，人们可以不断推动相关科技领域的发展，提高桥梁的安全性和耐久性，从而为出行提供更加安全、舒适的交通环境。

三、桥梁分类

（一）梁　桥

梁桥，以其简洁、实用的特点广泛应用于中、小跨度的桥梁建设中。它主要以实腹梁或桁架梁作为承重结构，通过梁体将荷载传递至桥墩或桥台，再分散至地基。梁桥设计灵活，施工便捷，造价相对较低，因此在城市交通、农村道路等领域应用广泛。其优点是受力明确、结构简单，适用于各种地质条件和跨度要求。

（二）拱　桥

拱桥以其优美的拱形结构和独特的承重方式著称。它利用拱形结构将荷载传递至桥墩或地基，具有较大的跨越能力和优美的造型。拱桥的历史悠久，自古以来就是桥梁建筑的重要形式之一。现代拱桥在设计上不断创新，结合新材料和新技术，实现了更大的跨度和更强的承载能力。拱桥的优点是造型美观、受力合理，适用于大跨度河流或需要特殊景观效果的场景。

（三）悬索桥

悬索桥是一种利用主缆索和吊索承受荷载的大跨度桥梁。它主要由主缆索、吊索、桥塔和桥面系等部分组成，通过主缆索的拉力平衡荷载，实现大跨度的跨越。悬索桥具有跨越能力强、造型独特的特点，适用于大江大河、海峡等宽阔水域的跨越。现代悬索桥在设计上注重结构创新和材料优化，提高了桥梁的安全性和耐久性。悬索桥的优点是跨度大、受力合理，适用于需要跨越宽阔水域或特殊地形的场景。

（四）斜拉桥

斜拉桥是一种利用斜拉索承受荷载的桥梁形式。它由桥塔、斜拉索和桥面系等部分组成，通过斜拉索的拉力将桥面荷载传递至桥塔和地基。斜拉桥具有结构轻盈、造型优美的特点，适用于中等跨度的河流或需要特殊景观效果的场景。现代斜拉桥在设计上注重结构创新和材料优化，能提高桥梁的承载能力和稳定性。

斜拉桥的优点是受力合理、造型美观，适用于城市交通、高速公路等领域。

四、桥梁的历史与文化

（一）桥梁的历史沿革

桥梁的历史悠久，与人类文明发展相伴相随。早在远古时代，人们就开始尝试跨越河流、峡谷等自然障碍，于是出现了简易的木桥、石桥等结构。随着时代的演进，桥梁的建造技术不断进步，形态和规模也逐渐扩大。

在古代，桥梁建设多以石料为主，如中国古代的赵州桥、卢沟桥等，这些桥梁不仅结构坚固，而且造型优美，展现了古代人民的智慧和艺术。进入中世纪，随着欧洲文艺复兴的兴起，桥梁设计也开始注重美学和比例，如意大利的威尼斯水城桥梁，是当时桥梁艺术的代表。

到了近现代，随着工业革命的推动和科学技术的进步，桥梁建设迎来了空前的繁荣。钢筋混凝土桥、钢桥等新型桥梁结构应运而生，大大提升了桥梁的承载能力和跨度。如今，大型悬索桥、斜拉桥等现代桥梁已成为世界工程技术的杰作，如中国的港珠澳大桥、美国的金门大桥等，它们不仅是交通要道，更是人类文明的象征。

（二）桥梁的文化内涵

桥梁不仅是交通工具，更是文化载体。每一座桥梁都承载着丰富的历史信息和文化内涵，是地方文化的重要组成部分。

在古代，桥梁往往是城市或地区的标志性建筑，其造型和装饰反映了当时社会的审美观念、文化特色。例如，中国古代的桥梁常常雕刻有各种图案和文字，寓意吉祥如意、祈福平安；而欧洲的古老桥梁则常常与传说和故事紧密相连，成为民间传说的重要元素。

在现代，桥梁依然承载着深厚的文化内涵。它们不仅是城市的风景线，更是地方文化的展示窗口。许多现代桥梁在设计上注重与周围环境的协调性，体现了人与自然和谐共生的理念；同时，桥梁的命名也往往蕴含着深刻的文化寓意，如中国的南京长江大桥、武汉长江大桥等，它们不仅代表着中国的桥梁建设成就，更承载着民族自豪感和爱国情怀。

此外，桥梁还与文学、艺术等领域紧密相连。许多文学作品和艺术作品都以桥梁为题材，通过描绘桥梁的形态和意境，表达作者对自然、历史和文化的感悟及思考。

桥梁的历史与文化紧密相连，它们是人类文明发展的重要见证和载体。我们应该珍视和保护这些宝贵的文化遗产，让它们在未来的岁月中继续传承和发扬。

五、桥梁的未来发展

（一）智能化桥梁的崛起

随着科技的不断进步，智能化已经成为桥梁未来发展的一个重要趋势。智能化桥梁将利用先进的信息技术、物联网、大数据等技术手段，实现桥梁设计、施工、运营维护等全过程的智能化管理。通过实时监测桥梁的结构状态、交通流量、环境条件等信息，智能化桥梁可以自动预警、自我修复，从而提高桥梁的安全性和可靠性。此外，智能化桥梁还将提供更为便捷、高效的交通服务，提升人们的出行体验。

（二）绿色桥梁的推广

在全球环保意识日益增强的背景下，绿色桥梁的建设理念逐渐深入人心。未来，桥梁的设计和施工将更加注重环保、节能。采用环保材料、优化施工方案、减少施工对环境的影响等措施将成为桥梁建设的新常态。同时，绿色桥梁还将充分利用可再生能源，如太阳能、风能等，实现桥梁的低碳运营。这些举措不仅有助于保护生态环境，还将为桥梁的可持续发展奠定坚实的基础。

（三）可持续性桥梁的发展

可持续性是当前社会发展的核心理念之一，也是桥梁未来发展的重要方向。可持续性桥梁将在满足当前交通需求的基础上，充分考虑未来社会的需求和变化。这主要包括优化桥梁设计，使其能够适应气候变化、自然灾害等不确定性因素；加强桥梁的耐久性设计，延长其使用寿命；注重桥梁与周围环境的协调性，实现桥梁与自然、城市的和谐共生。通过这些措施，可持续性桥梁将为未来社会的可持续发展提供有力支撑。

（四）多功能化桥梁的探索

未来，桥梁的发展还将朝着多功能化的方向探索。除了基本的交通功能，桥梁还可以兼具休闲、观光、文化等多种功能。通过创新设计和合理规划，桥梁可以成为城市的标志性建筑和公共空间，为人们提供丰富的活动和体验。同时，多功能化桥梁还有助于提升城市的整体形象和品质，增强城市的吸引力和竞争力。

六、桥梁的讲解技巧

桥梁，作为连接两岸的重要建筑，承载着人类智慧与文化的结晶。在讲解桥梁时，我们需要运用一些技巧，让游客更加深入地了解桥梁的魅力与价值。

（一）深入浅出，以例释难

桥梁的结构和原理往往涉及复杂的建筑学及力学知识，对于非专业游客来说，可能会感到晦涩难懂。因此，在讲解时，我们应运用通俗易懂的语言，通过生动的例子来解释桥梁的构造和功能。例如，在讲解赵州桥时，我们可以说："赵州桥是一座历史悠久的石拱桥，它的设计独特而巧妙。桥面呈现出优雅的弧形，这种设计并非仅仅为了美观，更重要的是它基于力学原理，能够分散和平衡桥面所受的重量。想象一下，当车辆和行人络绎不绝地从桥面上经过时，赵州桥就像是一位经过岁月洗礼的智者，静静地承受着历史的重量，同时又展现出坚韧和稳定的姿态。"

（二）突出特色，彰显魅力

每座桥梁都有其独特的风格和特色，这些特色正是吸引游客的关键。在讲解时，我们应重点突出桥梁的特色，让游客感受到其独特的魅力。以贵州北盘江大桥为例，我们可以这样描述："北盘江大桥，这座巍峨壮观的桥梁，不仅是贵州的骄傲，也是世界桥梁史上的奇迹。它横跨峡谷，高耸入云，仿佛一条巨龙在山谷间腾飞。这座桥梁的建成，不仅极大地缩短了贵州与云南之间的交通距离，更展示了我国桥梁建设的卓越成就。"

（三）挖掘文化，讲述故事

桥梁不仅是交通工具，更是文化的载体。每座桥梁背后都隐藏着丰富的历史和文化故事，这些故事能够让游客更加深入地了解桥梁的价值和意义。以南京长江大桥为例，这座桥梁见证了中国桥梁建设的辉煌历程。导游可以这样讲解："南京长江大桥是中国自行设计和建造的第一座现代化大桥，它承载着中国人民的自豪和荣誉。在建造过程中，无数工人和技术人员付出了辛勤的汗水和智慧，才使这座雄伟的桥梁屹立在长江之上。如今，它已经成为南京的标志性建筑之一，也是中国人民团结和奋进的象征。"

综上所述，在讲解桥梁时，应运用深入浅出的方式，以生动的事例解释桥梁的结构和原理，从而让非专业游客易于理解。同时，需突出每座桥梁的独特风格和特色，展现其魅力。此外，挖掘桥梁背后的历史和文化故事，让游客深入了解其文化价值。这些技巧的运用，能够使桥梁的讲解更加生动、有趣且富有深度，让游客在游览中获得更为丰富的知识和体验。

【课后思考】

1. 搜索了解世界十大最高桥梁及十大最长桥梁。
2. 选择本省的一座桥梁，撰写一篇桥梁讲解词。
3. 思考桥梁在旅游中的作用与意义。

任务二　公路景观讲解

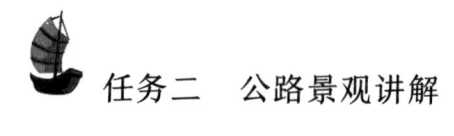

【知识链接】

独库公路，即 217 国道独山子至库车段，是一条连接新疆南北的重要国道线。它北起北疆石油之城克拉玛依市独山子区，南至天山南麓、塔里木盆地北缘的南疆阿克苏地区库车市，全长达 561 千米。因其穿越天山山脉，被誉为天山公路，其独特的地理位置和险峻的地理环境使其成为自驾游的热门目的地。

独库公路的景观之美令人叹为观止。从起点的独山子大峡谷开始，沿途可以欣赏到那拉提草原的辽阔、巴音布鲁克草原的宁静以及库车天山神秘大峡谷的雄伟。穿越这条公路，就像是在一天之内经历了四季的变换，游客们可以深刻感受到"一日游四季、十里不同天"的壮美奇景。近年来，随着旅游业的发展，独库公路逐渐成为自驾游爱好者的首选路线。每年都有大量的游客沿着这条公路穿越天山，欣赏沿途的美景。同时，独库公路也带动了沿线各地旅游业的发展，为当地经济注入了新的活力。

在现代旅游中，公路作为一道独特的风景线，吸引着无数游客驾车驰骋，体验沿途的自然风光和人文风情。如何生动地讲解公路，让游客感受它背后的历史积淀、文化内涵和建设的艰辛，已成为导游工作的一大挑战。因此，我们需要掌握公路的讲解技巧，以展现其独特的魅力和价值，让游客在旅途中收获更多的知识和感动。

一、公路概述

公路，作为交通体系中的重要组成部分，承载着人员流动、物资运输等多重任务。它不仅是连接城市与乡村、地区与地区的纽带，更是推动经济社会发展的重要基础设施。公路的建设与发展，对于提升交通效率、促进区域协调发展、改善人民生活水平具有重要意义。

二、公路的类型及其特点

公路作为交通网络的重要组成部分，其类型繁多，每种类型都有其独特的特点和适用场景。下面将详细阐述几种常见的公路类型及其特点，并结合具体事例进行说明。

（一）高速公路

高速公路是现代交通体系中的主动脉，以其高速度、大容量、安全性高等特点而著称。高速公路采用全封闭、全立交的设计，严格控制出入口，保证车辆行驶的速度和安全。同时，高速公路配备了完善的交通设施和服务设施，如收费站、服务区、监控系统等，为车辆提供快速、舒适的行驶环境。例如，我国著名的京沪高速公路，连接了北京和上海两大城市，全长约 1 262 千米。这条高速公路在设计上充分考虑了地形地貌、气候条件等因素，采用了多项先进技术，确保了车辆的快速、安全行驶。同时，京沪高速公路还带动了沿线地区的经济发展，促进了区域间的交流与合作。

（二）一级公路

一级公路是连接重要城市、工业区或交通枢纽的主要道路，其技术标准较高，通行能力较强。一级公路在设计上注重与周边环境的协调，采用合理的线形和断面设计，确保车辆的舒适行驶。同时，一级公路还配备了必要的交通设施和服务设施，为车辆提供便利的行驶条件。以江西省的昌九大道为例，这是一条连接南昌与九江的重要一级公路。昌九大道在设计上充分考虑了沿线地区的交通流量和经济发展需求，采用双向六车道的设计，确保了车辆的高效通行。同时，昌九大道还带动了沿线地区的经济发展，促进了南昌与九江之间的紧密联系和合作。

（三）二级公路

二级公路是连接中等城市、县城或重要乡镇的道路，其技术标准适中，通行能力一般。二级公路在设计上注重实用性和经济性，采用合理的线形和断面设计，满足车辆的基本行驶需求。同时，二级公路也配备了必要的交通设施和服务设施，为车辆提供基本的行驶保障。例如，甘肃省定西市临洮县与临夏州康乐县、和政县的二级公路，充分考虑了地形地貌等自然条件，不仅便利了当地居民的出行，还促进了农产品流通和乡村旅游发展，为沿线地区经济注入了新活力。

（四）乡村公路

乡村公路是连接农村地区、服务农村经济发展的重要道路。其特点是路况相对简单，但具有较强的地域性和服务性。乡村公路的建设往往结合当地地形地貌和气候条件，采用灵活的设计方案，确保车辆能够安全、顺畅地行驶。同时，乡村公路的建设也注重与农村环境的协调，保护农村生态环境和自然景观。例如，在四川省雅安市天全县的乡村公路建设中，建设者充分考虑了当地山地地形的复杂性和气候条件的多变性，采用了适当的线形和断面设计，确保了车辆的通行安全。这条乡村公路不仅连接了各个村庄，还带动了当地特色农产品的销售和乡村旅游的发展，为当地农民带来了实实在在的经济收益，促进了当地农村经济的繁荣和发展。

三、公路景观

公路景观是公路建设中不可或缺的重要组成部分，它涉及自然景观、人文景观以及视觉美学等多个方面。优质的公路景观不仅能提升公路的整体形象，还能为出行者带来愉悦的驾驶体验。

（一）自然景观的融合

在公路建设中，自然景观的融合是公路景观的重要体现。公路景观大多与周边环境中的地形、地貌、水系、植被等自然元素相协调，能够为驾驶者和游客带来舒适的旅游体验。例如，川藏公路，这条连接四川与西藏的公路，穿越了横断山脉的众多高峰峡谷。沿途，公路与雪山、原始森林、河流相伴，形成了壮丽的自然景观。公路设计者充分利用了这些自然元素，使公路蜿蜒穿行于山谷之间，让游客仿佛置身于一幅美丽的画卷之中。

（二）人文景观的展现

公路作为连接城乡、沟通文化的纽带，能够充分展现沿线地区的人文特色。许多公路都将当地的历史文化、民俗风情等元素融入沿途景观中，呈现出具有地域特色的公路风景线。以青藏公路为例，这条公路穿越了青藏高原的腹地，沿途经过多个藏族聚居区。这条公路充满了藏族文化的元素，并且途中的服务站和休息区也都融入了藏族特色的建筑风格。同时，公路两侧还设置了展示藏族历史和文化的雕塑、石碑，让游客在欣赏自然风光的同时，也能感受到浓厚的藏族文化氛围。

（三）视觉美学的运用

在公路景观中，视觉美学对于公路的整体形象至关重要。合理的色彩搭配、线条组合和空间布局，呈现出舒适、和谐的视觉效果，能够为驾驶者带来愉悦的驾驶体验。京承高速公路就是一个很好的例子。这条高速公路连接了北京与承德，沿途穿越了华北平原和燕山山脉。公路两侧的绿化带采用了丰富的植物种类，形成了色彩斑斓的景观效果。同时，公路线形设计流畅，与周边地形相协调，让游客感受到舒适、愉悦。

四、公路与经济社会相互影响

（一）公路对经济社会发展的促进作用

公路作为经济社会发展的重要基础设施，对经济社会的发展起到了积极的推动作用。首先，公路的建设与完善极大地促进了区域经济的发展。某些地区原本交通不便，经济发展相对滞后。然而，随着一系列连接周边城市的高速公路的建成通车，这些地区的交通状况能够得到显著改善。高速公路的通车不仅缩短了地区间的时空距离，加速了人员和货物的流动，还吸引了大量外来投资和游客，从而推动当地经济的快速增长。

其次，公路的建设优化了产业布局与结构。随着公路网络的不断完善，产业布局变得更加合理，产业结构也得到了优化。以往许多工业园区由于交通不便，其他企业难以入驻。但随着周边公路的修建和完善，这些工业园区的交通条件得到了极大改善，吸引了众多企业前往投资设厂。这不仅促进了当地工业的发展，还带动了相关产业链的完善，形成了产业集群效应，进一步提升了地区的经济实力。

此外，公路的建设还提升了沿线地区居民的生活水平。随着公路的通车，居民出行更加便捷，能够享受到更多的教育、医疗等公共服务资源。同时，公路的开通也促进了沿线地区的旅游业发展，为当地居民提供了更多的就业机会和收入来源，进一步提高了人们的生活水平。

（二）经济社会发展对公路的推动作用

经济社会的发展对公路的推动作用同样不容忽视。首先，经济社会发展推动了公路的建设与升级。随着城市化进程的加快和人口的增长，人们对公路交通的需求也不断增长。为了满足这种需求，政府和企业需要不断加大对公路建设、升级的投资力度。这不仅包括新建公路、扩建现有公路，还包括对老旧公路的改造升级，从而提高公路的通行能力和服务水平。

其次，经济社会发展促进了公路技术创新与管理创新。随着科技的进步，越来越多的新技术被应用到公路建设和管理中。例如，智能交通系统的应用使公路交通更加高效、安全；绿色交通技术的应用则有助于降低能耗和排放，实现可持续发展。同时，经济社会发展也推动了公路管理模式的创新，如引入市场化机制、加强监管等，提高了公路管理的效率和水平。

最后，经济社会发展还增强了公路交通安全与应急保障能力。随着人们对安全出行需求的增加，政府和企业需要加强对公路交通安全的监管、管理，提高应急救援能力。例如，加强交通执法、完善交通设施、建立应急救援体系等措施，提高公路交通安全水平，保障人民群众的出行安全。

五、公路的发展趋势与未来展望

（一）智能化与自动化的跃迁

随着科技的飞速发展，智能化与自动化将成为公路交通领域的核心趋势。未来，公路将不仅仅是一条简单的通道，而是一个集成了先进传感器、通信技术和数据分析能力的智能系统。通过实时监测交通流量、车辆速度、路况信息，公路系统能够自动调整交通信号、优化车道分配，实现交通流的智能调度。同时，智能化公路还将与智慧城市、智能交通等领域深度融合，形成更加高效、便捷的综合交通体系。

（二）绿色与可持续发展成为主流

面对全球气候变化和环境保护的严峻挑战，绿色与可持续发展将成为公路交通领域的重要发展方向。未来，公路建设将更加注重环保材料的使用和节能技术的应用，降低能源消耗和废气排放。同时，公路绿化、生态修复等工作也将得到加强，打造美丽公路，促进公路与生态环境的和谐共生。此外，随着新能源汽车的普及和充电设施的完善，公路交通将逐渐实现低碳化、清洁化。电动汽车、氢能源汽车等新能源汽车将成为主流，公路充电设施也将遍布城乡，为新能源汽车的广泛应用提供有力支撑。

（三）安全与应急管理能力的全面提升

安全是公路交通永恒的主题，未来公路交通将更加注重安全设施的建设和完善。未来公路交通将建立更加完善的应急预警和响应机制，实现快速、准确的应急处置。同时，将通过加强交通安全宣传教育、提高驾驶员素质、完善交通法规等措施，不断提升公路交通的安全水平。

六、公路讲解技巧

公路，作为连接各地的重要纽带，其建设不仅体现了国家基础设施的发展水平，更承载着促进地区经济文化交流的重要使命。在讲解公路时，我们需要运用一系列技巧，使内容更加生动、具体、深入。

（一）采用生动形象的比喻

在讲解公路时，我们可以采用生动形象的比喻，将公路的构造、功能以及建设过程以更加直观、易懂的方式呈现给听众。例如，我们可以将公路比喻为一张巨大的"经济网络"。这张网络由纵横交错的公路干线、支线组成，像毛细血管一样深入每个城市和乡村。通过这些"血管"，各地的资源、信息、人员得以快速流动，促进了经济的繁荣和文化的交流。这样的比喻既形象又生动，有助于听众更好地理解公路在经济发展中的重要作用。再比如，我们可以将公路建设的过程比喻为一场"攻坚战"。建设者们需要克服地形复杂、气候多变、技术难题等重重困难，才能将一条公路从规划变为现实。这样的比喻能够突出公路建设的艰辛和不易，让听众更加珍惜和尊重每一条公路的建设成果。

（二）结合地域文化特色

公路作为连接不同地区的桥梁，每个地区都有其独特的文化和特色。在讲解公路时，我们可以结合地域文化特色，使讲解内容更加丰富多彩。以西藏的林拉公路为例，它不仅展现着壮丽的自然风光，还蕴含着丰富的藏族文化特色。在讲解林拉公路时，我们可以先介绍公路两侧的雪山、草原、湖泊等自然美景，让游客对这片神秘的土地有初步了解。随后，我们可以详细讲述这条公路所经地区的藏族文化，如宗教信仰、建筑风格、服饰文化、传统节庆等，让游客在感受自然美景的同时，也能深入了解藏族的文化底蕴。

（三）注重互动与参与

在讲解公路时，互动和参与是提高听众兴趣和理解度的重要方式。我们可以通过提问、讨论、模拟操作等方式，引导听众积极参与其中。例如，在讲解公路交通规则时，我们可以设计一些互动环节。首先，我们可以邀请听众分享他们知道的交通规则，然后提出一些问题让大家思考讨论。其次，我们可以模拟一个公路交通场景，让听众扮演司机、行人等角色，亲身体验交通规则的重要性。通过这样的互动环节，听众不仅能够更加深入地了解交通规则，还能增强交通安全意识。

（四）突出公路建设的成就与挑战

公路建设的每一个成就都凝聚着无数建设者的辛勤付出和智慧结晶，而每一个挑战都是对建设者们的考验和锻炼。在讲解公路时，我们要突出这些成就与挑战，让听众对公路建设有更加全面而深刻的认识。以青藏公路为例，这条公路穿越了海拔高、气候恶劣的青藏高原，其建设难度之大可想而知。然而，建设者们凭借着坚定的信念和不懈的努力，克服了重重困难，最终完成了这条公路的建设。这条公路不仅为青藏高原的经济发展注入了新的活力，更为我国的公路建设事业谱写了新的篇章。同时，我们也要客观分析青藏公路在环保、安全等方面所面临的挑战，并探讨如何通过技术创新和科学管理来应对这些挑战。

综上所述，在讲解公路时，应运用生动形象的比喻，如将公路比作"经济网络"和"血管"，使内容更直观易懂；结合地域文化特色，展现公路与当地文化的紧密联系，增加讲解的丰富性；注重与听众的互动与参与，通过提问、讨论、模拟操作等方式提高听众的参与度和理解度；突出公路建设的成就与挑战，让听众全面了解公路在经济发展中的重要作用及其建设背后的艰辛与智慧。这些技巧将有效提升公路讲解的吸引力和深度。

【课后思考】

1. 搜索了解世界上最著名的几条公路，并简述它们的特点和历史。

2. 公路的修建如何促进旅游业的发展？
3. 公路沿线的自然景观和人文景观如何影响游客的旅游体验？

任务三　服务区景观讲解

【知识链接】

大娄山服务区是位于 G75 重遵高速公路上的一个独特服务区，它不仅是贵州省高速公路上首个红色主题特色服务区，还是连接重庆与遵义的重要交通枢纽。服务区内设施完善，包括加油站、充电桩、商超、地方特色小吃、文创产品、农特产品等，满足了司乘人员和游客的多样化需求。

作为红色主题特色服务区，大娄山服务区内融入了丰富的红色文化元素，充分结合了长征历史和地方红色文化，打造了具有浓郁红色氛围的服务区。服务区的主体大楼建筑形似"100"，寓意着百年奋斗的文化地标，与长征主题紧密相连。服务区内设有红色文化主题展览，展示了长征历史、遵义会议、娄山关战役等红色文化元素。游客可以在这里深入了解红色历史，感受革命先烈的英勇无畏和革命精神。同时，服务区还建有观景台，游客可以在欣赏秀丽风景的同时，回顾历史，感受时代的变迁。

大娄山服务区不仅注重功能性，还十分注重服务的人性化和多样化。服务区内的司机之家配备了淋浴间、洗衣烘干设备、驾休室、厨房等设施，为长途驾驶的司机提供了舒适的休息环境。大娄山服务区以其独特的红色主题、完善的服务功能和独特的建筑风格成为高速公路服务区中的一道亮丽风景线。它不仅是司乘人员和游客的休息站，更是传承红色文化、展示地方特色的重要窗口。

在现代交通网络中，服务区作为道路旅途中的"绿洲"，以其特有的功能和设计，为长途旅行的游客带来了温暖和舒适，同时也成为展现当地风土人情和文化魅力的独特空间。如何精彩地介绍服务区，让游客深刻感受到其温馨、便捷和背后的文化价值，已成为导游工作的重要任务。

一、服务区概述

服务区通常是指位于高速公路、主要公路或交通干道沿线，为过往车辆和人员提供各类服务的设施集合体。服务区作为交通网络中的重要节点，扮演着不可或缺的角色。它不仅是驾驶员和乘客在旅途中休息、补给的重要场所，更是交通流畅与安全的重要保障。这些服务包括但不限于餐饮、住宿、加油、维修、停车以及休息等，以满足人们在旅途中的各种需求。服务区的主要功能是提供便利、舒适和安全的服务，使驾驶员和乘客在长途行驶过程中能够得到充分的休息及补给。通过提供多样化的服务，服务区不仅缓解了人们在旅途中的疲劳感，还提升了人们交通出行的舒适度和满意度。

二、服务区设施与服务

服务区作为交通网络中的重要节点，为过往的驾驶员和乘客提供了全方位的设施与服务，让他们在长途行驶中能够得到充分的休息和补给。下面将详细介绍这些设施和服务。

（一）餐饮设施与服务

服务区内的餐饮设施种类丰富，从快餐店到特色餐厅应有尽有。无论是简单的快餐还是地道的特色菜肴，都能让游客在旅途中饱腹，甚至品尝到特色美食。除了正餐，服务区还设有小吃摊和便利店，提供各种小吃、零食和饮料，以满足游客的随时需求。这些小吃摊和便利店通常位于服务区的主要通道或休息区附近，方便游客在休息时间或等待加油时购买。

（二）住宿设施与服务

服务区及其周边的住宿设施通常包括宾馆、酒店和汽车旅馆等，为长途行驶的驾驶员和乘客提供舒适的休息场所。这些住宿设施会提供干净、整洁的客房，配备热水、空调、电视等基础设施，确保游客在旅途中能够得到充分的休息。部分服务区的住宿设施还提供更高级的服务，如健身房、游泳池、SPA等，让游客在休息之余还能享受身心放松的乐趣。

（三）卫生间设施与服务

服务区内的卫生间设施通常干净、整洁，配备洗手液、烘干机、纸巾等设备，为游客提供舒适环境。许多服务区的卫生间设计也考虑到不同游客的需求，设有母婴室、残疾人卫生间等特殊设施。此外，部分服务区的卫生间还提供了免费的卫生纸和洗手液等用品，让游客感受到贴心的服务。

三、服务区的特色与文化

服务区作为旅途中的一处重要驿站，不仅为过往的旅客提供休息和补给，更是展示当地文化和特色的重要窗口。每个服务区都承载着独特的地域文化和历史底蕴，通过其独特的建筑风格、景观设计、地方特色商品以及文化活动等，向旅客展示这片土地的魅力。

（一）建筑风格与景观设计

部分服务区的建筑风格会巧妙地融合当地的历史文化和传统建筑特色。无论是仿古的亭台楼阁，还是现代的简约建筑，都体现了对当地文化的尊重和传承。同时，景观设计也是服务区文化展示的重要组成部分。花坛、草坪、雕塑等景观元素被巧妙地布置在服务区的各个角落，与建筑风格相得益彰，营造出一种和谐、宜人的环境氛围。这些景观不仅美化了服务区的环境，更为旅客提供了一个放松身心、感受当地文化的好去处。

（二）地方特色商品

服务区内的商店和特产店是展示地方特色商品的重要场所。这些商品往往具有浓郁的地域特色和文化内涵，如当地的特色食品、手工艺品、纪念品等。特色食品以其独特的风味和制作工艺吸引着众多旅客的味蕾；手工艺品则以其精湛的工艺和独特的设计展示了当地人的智慧、才华；纪念品则成为旅客们留住美好回忆的绝佳选择。这些特色商品不仅丰富了旅客的购物体验，更让旅客在离开时带走了一份对当地文化的记忆和留恋。

（三）文化活动与体验

为了让旅客更好地了解和感受当地文化，有些服务区会举办各种丰富多彩的文化活动和体验项目。这些活动包括地方戏曲表演、民俗展示、手工艺制作等，让旅客在欣赏和参与中深入了解当地的文化底蕴、民俗风情。此外，一些服务区还设有文化展览区，展示当地的历史文化、风土人情和艺术珍品，让旅客在短暂停留中也能领略到这片土地的深厚文化内涵。

（四）文化融合与创新

有些服务区在展示地域文化的同时，也积极融入现代文化元素，推动文化的融合与创新。他们通过引入现代设计理念和技术手段，对传统的建筑风格进行改造和升级，打造出既具有传统韵味又符合现代审美需求的服务区。同时，服务区还注重引入新的文化活动和体验项目，如举办现代音乐节、艺术展览等，让旅客在感受传统文化的同时也能接触到现代文化的魅力。这种文化融合与创新不仅提升了服务区的文化内涵和吸引力，也为旅客提供了一个更加多元化、富有创意的文化体验空间。

四、服务区的发展与未来展望

服务区作为交通网络的重要节点，在不断地发展和创新中，逐渐展现出其巨大的发展潜力和广阔的前景。下文将深入探讨服务区的发展趋势和未来规划，展望其在交通旅游、绿色环保、智能化等方面的发展潜力，以及未来可能出现的新设施、新服务和新模式。

（一）交通旅游融合发展

随着旅游业的蓬勃发展，服务区逐渐成为旅游的重要载体和平台。未来，服务区将进一步与旅游业深度融合，推出更多具有地方特色的旅游产品和服务，吸引更多游客前来体验。同时，服务区还将加强与周边旅游景点的合作，形成旅游线路和服务网络，为游客提供更加便捷、丰富的旅游体验。

（二）绿色环保理念推广

在全球环保意识日益增强的背景下，服务区也将积极推广绿色环保理念，采取一系列环保措施，减少对环境的影响。例如，服务区将采用节能减排技术，优化能源利用结构，减少碳排放；推广垃圾分类和循环利用，减少垃圾对环境的污染。此外，服务区还将加强绿化建设，打造绿色生态空间，为旅客提供清新宜人的休息环境。

（三）智能化技术应用

随着科技的不断进步，智能化技术将成为服务区发展的重要方向。未来，服务区将加强智能化设施建设，如智能停车系统、智能导航系统、智能支付系统等，提高服务效率和质量。同时，服务区还将运用大数据、云计算等先进技术，对旅客需求和行为进行深度分析，为旅客提供更加个性化、精准化的服务。

（四）新设施、新服务、新模式涌现

未来，服务区将不断探索和尝试新的设施、服务和模式。例如，建设更多的充电设施，满足新能源汽车的充电需求；推出更多的特色餐饮和住宿服务，满足旅客多样化的需求；探索共享经济模式，如共享汽车、共享雨伞等，为旅客提供更加便捷的服务。

五、服务区讲解技巧

（一）强调服务区的基础服务功能

在介绍服务区时，首要任务是清晰地阐述其基础服务功能。讲解员应详细解释服务区是旅途中重要的休息和补给站点，为旅客提供餐饮、住宿、加油、维修等一系列基础服务。通过生动的语言和实例，使旅客对服务区的功能有一个全面而准确的认识，感受到服务区的便利性和实用性。在强调基础服务功能时，讲解员还可以结合具体的服务设施和服务质量进行说明。例如，可以介绍服务区内的餐厅提供的特色美食、住宿设施的舒适度和卫生条件、加油站的安全性和便捷性等。通过具体的细节描述，旅客对服务区的各项功能有更深刻的理解和体验。

（二）突出服务区的特色与亮点

除了基础服务功能，每个服务区都有其独特的特色和亮点。讲解员在介绍服务区时，应着重突出这些特色和亮点，以吸引旅客的注意力和兴趣。例如，可以介绍服务区的建筑风格、景观设计或文化元素等方面的特色。如果服务区有特色商品或手工艺品，也可以详细介绍其制作工艺和独特之处。此外，还可以提及服务区的创新举措或特色服务，如智能导航、环保设施等，以展示服务区的先进性和前瞻性。在突出特色和亮点时，讲解员可以运用生动的故事、有趣的比喻或引人入胜的描绘，使讲解更加生动、有趣。同时，还可以邀请游客参与互动，如试穿民族服饰、品尝特色小吃等，让游客亲身体验服务区的特色和魅力。

（三）结合服务区的发展历程

讲解服务区时，结合其发展历程进行介绍，不仅能让游客了解服务区的成长和变迁，更能体现其历史价值和文化底蕴。讲解员可以从服务区的建立初衷讲起，描述其如何随着时代变迁而不断发展和完善。在讲述发展历程时，可以提及服务区在交通网络中的地位和作用，以及其如何促进当地经济发展和提升旅游品质。同时，还可以介绍服务区在应对突发事件、服务创新等方面的经验和成就，展现其应对挑战和适应变化的能力。通过结合服务区的发展历程进行讲解，可以使游客对服务区有一个更加全面、深入的了解，并感受到服务区所承载的历史和文化内涵。这样的讲解方式不仅有助于提升游客对服务区的认识和兴趣，还能增强他们对服务区的归属感和忠诚度。

综上所述，在讲解服务区时，应首先强调其基础服务功能，确保游客对服务区提供的餐饮、住宿、加油、维修等服务有全面准确的认识。同时，要突出服务区的特色与亮点，讲述其建筑风格、特色商品以及创新服务，吸引游客的注意并提升兴趣。此外，结合服务区的发展历程进行讲解，展现其历史价值、文化底蕴以及应对挑战的能力，让游客对服务区有更深入的了解和认同。这样的讲解技巧有助于提升游客的满意度和忠诚度，同时增强服务区的品牌形象。

【课后思考】

1. 高速服务区在旅游中的角色是什么？能满足哪些游客需求？
2. 如何联动服务区与周边景点，提供一站式旅游服务？
3. 如何使服务区更好地融入当地文化和特色，为游客带来独特的旅行体验？

参考文献

[1] 潘麟. 《大学》广义[M]. 上海：复旦大学出版社，2015.

[2] 龙世君. 基于环城游憩带视野下的弥勒市民族文化与旅游资源整合研究[D]. 昆明：云南师范大学，2020.

[3] 宁永丽. 西江苗寨民族文化旅游与居民可持续生计研究[D]. 桂林：桂林理工大学，2019.

[4] 吴月玲. 加快旅游产业开发推进县域经济发展——关于进一步发展库伦旗民族文化旅游产业的研究[J]. 内蒙古民族大学学报（社会科学版），2012，38（1）.

[5] 沈先陈. 红色文化与高校思想政治教育融通研究[D]. 南京：南京邮电大学，2022.

[6] 杨慧芳. 天山北坡遗址遗迹类旅游资源开发研究[D]. 石河子：石河子大学，2015.

[7] 张忠慧，石晨霞，罗自新. 地质遗迹科学解说方法与案例研究[J]. 安徽农业科学，2015，43（21）.

[8] 周曼妮. 上海市博物馆类型和空间分布研究[D]. 上海：华东师范大学，2017.

[9] 黄文娟. 博物馆讲解技巧与方法探讨[J]. 文物鉴定与鉴赏，2021（5）.

[10] 黄统. 广州市的博物馆发展研究[D]. 广州：华南理工大学，2013.

[11] 徐健美. 博物馆讲解技巧与方法[J]. 文化产业，2023（12）.

[12] 周曼妮. 上海市博物馆类型和空间分布研究[D]. 上海：华东师范大学，2017.

[13] 黎先耀，张秋英. 世界博物馆类型综述[J]. 中国博物馆，1985（4）.

[14] 汪艳. 博物馆公办民营运营研究[D]. 上海：华东师范大学，2013.

[15] 王明明. 中国国有博物馆的效率、体制与市场关系研究[D]. 北京：北京化工大学，2005.

[16] 窦志萍. 导游技巧与模拟导游[M]. 北京：清华大学出版社，2010.

[17] 韩荔华. 实用导游语言技巧[M]. 北京：旅游教育出版社，2002.

[18] 戢晓峰，黄海琴，陈方，等. 国内外旅游交通研究热点与前沿趋势[J]. 经济地理，2024，44（1）.

[19] 李龙，杨效忠. 旅游廊道：概念体系、发展历程与研究进展[J]. 旅游学刊，2020，35（8）.

[20] 苏建军，孙根年，赵多平. 交通巨变对中国旅游业发展的影响及地域类型划分[J]. 旅游学刊，2012，27（6）．

[21] 魏小安，金准. "高速时代"的中国旅游业发展[J]. 旅游学刊，2012，27（12）．

[22] 魏星. 导游语言艺术[M]. 北京：中国旅游出版社，2002．

[23] 徐一帆，张宏磊，田原，等. 交通系统对旅游空间结构影响研究进展与展望[J]. 旅游科学，2020，34（3）．

[24] 鄢方卫，杨效忠，吕陈玲. 全域旅游背景下旅游廊道的发展特征及影响研究[J]. 旅游学刊，2017，32（11）．

[25] 余青，樊欣，刘志敏，等. 国外风景道的理论与实践[J]. 旅游学刊，2006（5）．

[26] 汝金珠. 非遗文化融入导游业务课程思政的教学实践创新研究——以导游讲解张家港市河阳山歌馆为例[J]. 沙洲职业工学院学报，2023，26（4）．

[27] 于文凯. 导游讲解中的传播技巧：如何有效传递科学知识以提升公众理解[J]. 西部旅游，2024（6）．

[28] 毛松松，王育峰. 基于期望与感知的城市微旅行导游提升研究——以上海市为例[J]. 经济研究导刊，2023（22）．

[29] 朱珑，于思佳，郎天棋，等. "互联网+"下的地方特产市场营销策略——以合川桃片、宣威火腿和苗族银饰为例[J]. 北方经贸，2020（11）．

[30] 刘超. 景观地貌学[M]. 武汉：中国地质大学出版社，2016．

[31] 郑云柯，谢非凡，左若函，等. 云南禄丰恐龙国家地质公园地质遗迹资源评价及保护策略[J]. 地下水，2024，46（2）．

[32] 成程，肖燚，饶恩明. 北京香山公园自然景观价值二十年变迁[J]. 生态学报，2014，34（20）．

[33] 肖笃宁，李秀珍. 当代景观生态学的进展和展望[J]. 地理科学，1997（4）．

[34] 王芳蕾，张磊，翟富祥. 基于EWM-CRITIC-TOPSIS模型的新疆典型自然景观评估[J/OL]. 自然资源遥感：1-8. [2024-05-30]. http://kns.cnki.net/kcms/detail/10.1759.P.20240118.2342.008.html.

[35] 赤水丹霞旅游区官网[EB/OL]. [2024-05-30]. http://www.csdxcn.com/.

[36] 杨建峰. 细说趣说万事万物由来[M]. 西安：西安电子科技大学出版社，2015．

[37] 张又玲，张智玮，李永乐，等. 山岳型景区旅游意象感知共识地图分析——以黄山风景区为例[J]. 旅游研究，2024，16（2）．

[38] 衡山（国家自然与文化双遗产，国家AAAAA级旅游景区）[EB/OL]. [2024-05-30]. https://www.720yun.com/t/f2ejtOuwzw1?scene_id=15622682.

[39] 北岳恒山-国家AAAA级旅游区-恒山风景名胜区管理中心[EB/OL]. [2024-05-30]. http://www.byhs.net.cn/about.html.

[40] 嵩山景区[EB/OL]. [2024-05-30]. http://www.songshancn.com/main.php.

[41] 华阴县志华山篇第一章自然环境第一节地质地貌[EB/OL]. [2024-05-30]. http://dfz.shaanxi.gov.cn/sqzlk/xbsxsz/sxdyl/wns_16202/huayinxz/.

[42] 出门旅行前第一步该做什么？先带上语文书！[EB/OL]. [2024-05-30]. http://news.cnr.cn/native/gd/20230519/t20230519_526256261.shtml.

[43] 傅汝有：亦浓亦淡绘春秋.[EB/OL]. [2024-05-30]. http://cpc.people.com.cn/n1/2017/0522/c179979-29291735.html.

[44] 泰山："五岳之首"承载华夏至尊.[EB/OL]. [2024-05-30]. https://www.gov.cn/test/2006-03/31/content_241157.htm.

[45] "双遗产"名山在中国——泰山[EB/OL]. [2024-05-30]. https://www.gov.cn/xinwen/2022-06/06/content_5694307.htm#1.

[46] 耿直,河南省嵩山风景名胜区管理委员会. 嵩山志[M]. 河南：河南人民出版社,2007.

[47] 曾晋鲁. 南岳衡山自然地理综合考察报告[J]. 西藏科技,1997（78）.

[48] 熊海珍. 中国传统村镇水环境景观探析[D]. 成都：西南交通大学,2009.

[49] 长白山天池[EB/OL]. [2024-05-30]. http://wifi.changbaishan.gov.cn/jd/jdk/201703/t20170323_63277.html.

[50] 谌九大,刘伟军,叶琦. 全南梅子山省级森林公园森林风景资源的调查与评价[J]. 园艺与种苗,2021（12）.

[51] 胡华锋,严志伟,钟锡锋,等. 梅子山森林公园森林风景资源调查评价与发展分析[J]. 林业科技情报,2023,55（4）.

[52] 董光月. 浅谈森林公园风景资源保护与改造[J]. 中国林业产业,2021（12）.

[53] 于长青. 中国草原与牧区发展[M]. 北京：中国水利水电出版社,2009.

[54] 李禹慷,冶建明. 草原景观感知与环境责任行为作用机制——以喀纳斯景区为例[J]. 草业科学,2023,40（9）.

[55] 刘旭玲,杨兆萍,李欣华. 喀纳斯游客旅游感知调查研究[J]. 干旱区地理,2006（3）.

[56] 全国导游资格考试统编教材专家编写组. 导游业务[M]. 北京：中国旅游出版社,2023.

[57] 熊友平. 导游讲解技巧[M]. 杭州：浙江大学出版社,2023.

[58] 廖广莉. 导游词创作和讲解技巧[M]. 天津：天津大学出版社,2019.